Dithmarscher Jakobsweg – Jakobspilgern mit Hund auf der Westküstenroute der Via Jutlandica

von Friedrichstadt nach Glückstadt mit Anschluss zur Via Baltica nach Harsefeld

L

Dithmarscher Jakobsweg

Jakobspilgern mit Hund auf der Westküstenroute der Via Jutlandica

von Friedrichstadt nach Glückstadt mit Anschluss zur Via Baltica nach Harsefeld

Christian Hottas

Impressum

Bibliografische Information der Deutschen Nationalbibliothek: Die Deutsche Nationalbibliothek verzeichnet diese Publikation in der Deutschen Nationalbibliografie; detaillierte bibliografische Daten sind im Internet unter dnb.dnb.de abrufbar.

Herstellung und Verlag: BoD – Books on Demand, Norderstedt

ISBN: 9 783757 884147

INHALTSVERZEICHNIS

Schafe stören Kito nicht, wenn er sich im Gras wälzen will.

PROLOG

2022 scheint ein ganz besonderes Jahr für uns zu werden. Zum einen bewegen wir – meine Partnerin Christine und ich – uns beruflich so langsam, aber sicher auf den Ruhestand zu. Und zum anderen entdecken wir zunehmend das Pilgern als neuen Lebensinhalt und neuen Lifestyle für uns.

Stets mit von der Partie ist dabei Kito. Unser inzwischen dreijähriger kleiner Pinscher-Mix, der Anfang Mai 2021 aus dem Tierschutz zu uns kam, ist schon lange ein wichtiges Familienmitglied und ein treuer, liebevoller und aufmerksamer Begleiter.

Im Juli 2021 hatte Kito seine ersten Pilgererfahrungen auf dem Wilsnacker Pilgerweg gesammelt.

Im Oktober 2021 begleitete er uns dann auf der *Via Baltica* von zu Hause bis nach Wildeshausen, Ende März 2022 von dort nach Vechta und schließlich im April / Mai 2022 weiter bis Osnabrück und dann auf dem *Osnabrücker Jakobsweg* via Münster und Dortmund bis nach Herdecke/Ruhr.

Diese Reise wollen wir ab Ende September 2022 fortsetzen und dann in etwa drei Wochen auf dem *Osnabrücker Jakobsweg*, dem *Bergischen Jakobsweg* und der *Via Coloniensis* bis nach Trier gehen und damit den deutschen Teil dieser Pilgerreise quasi abschließen.

Zuvor aber nutze ich das 9-Euro-Ticket-Angebot im Juni bis August, um gemeinsam mit Kito und an zwei Tagen auch mit Christine den *Jacobusweg Lüneburger Heide von Hamburg* (mit Auftaktstück von zu Hause) *bis zum Kloster Mariensee* zu pilgern.

Und im September 2022 steht zur Abwechslung auch einmal eine Pilgerreise nicht von Zuhause, sondern **von der Ostsee nach Hause** auf unserer Wunschliste.

DITHMARSCHER JAKOBSWEG

Das Pilgern aus religiösen Motiven – sei es nach Rom, Jerusalem, Santiago de Compostela, Aachen oder Wilsnack (um die fünf wichtigsten Pilgerziele vor der Einführung der Reformation zu nennen) – hat in Europa eine mindestens 1000 Jahre lange Tradition.

Das Jakobspilgern ist seit dem 11. Jahrhundert nachgewiesen, wobei die mittelalterlichen Pilger sich auf ihrem Weg nach Santiago zwangsläufig – mangels Alternativen – des Netzes der damaligen Handelsstraßen bedienten, an denen sich auch die benötigte Infrastruktur mit Herbergen und Verpflegungsstationen etabliert hatte und weiterhin etablierte.

Hinzu kamen Kirchen, Klöster und Städte, die sich an den Wegen der Jakobspilger ansiedelten und entwickelten.

Durch Entwicklungen in der damaligen christlichen Lehre von Heil und Erlösung und begünstigt durch die bessere Infrastruktur stiegen die Pilgerzahlen im 11. und 12. Jahrhundert passager erheblich an. Im 15. Jahrhundert folgte ein weiterer Pilgerboom durch die Einführung spezieller Gnadenjahre, in denen den Pilgern vollständiger Ablass ihrer Sünden versprochen wurde.

Genau hiergegen richtete sich dann die Kritik Martin Luthers gegen das Pilgerwesen, weshalb die Pilgerzahlen nach Einführung der Reformation, aber auch durch den 30-jährigen und den 80-jährigen Krieg im 16. und 17. Jahrhundert massiv abfielen.

Das Pilgern geriet zunehmend in Vergessenheit und erlebte erst nach dem Ende des 2. Weltkriegs nach und nach eine Renaissance. Im Jahr 1950 wurde in Paris die erste Jakobusgesellschaft zur wissenschaftlichen Erforschung des Jakobspilgerns gegründet. Wenig später entstanden erste Vereinigungen der „Freunde des Jakobsweges".

Mit zunehmendem Kenntnisstand über die mittelalterlichen Alt- bzw. Handesstrassen konnten auch die einstigen Wege der Jakobspilger rekonstruiert werden.

Der Europarat verabschiedete 1987 seine „*Deklaration von Santiago de Compostela*", in der die *Wege der Jakobspilger* in Europa zur ersten *europäischen Kulturstraße* erhoben wurden und die Behörden und Regierungen

Europas aufgefordert wurde, diese „*Pilgerstraßen nach Santiago de Compostela in ganz Europa zu identifizieren und zu kennzeichnen*".

Die Wege der Jakobspilger in Norddeutschland mit den beiden Hauptrouten *Via Baltica* von Usedom über Rostock, Lübeck, Hamburg und Bremen nach Osnabrück bzw. Münster und die *Via Jutlandica* von Frederikshavn über Viborg, Flensburg und Schleswig nach Glückstadt mit späterem Anschluss an die Via Baltica bei Harsefeld wurden erst ab 2005 wieder erarbeitet. Dazu hatte sich im selben Jahr der *„Freundeskreis der Jakobswege in Norddeutschland"* gegründet. Zu diesem Zeitpunkt gab es in Süddeutschland sowie in Nordrhein-Westfalen bereits einige fertig markierte Jakobswege.

Der ***Dithmarscher Jakobsweg***, der sich über weite Abschnitte an historischen Wegen wie dem Dellweg orientiert, wurde am **14. September 2013** wiedereröffnet, die ***Hauptroute der Via Jutlandica*** bereits am 20. Oktober 2007. Teilstücke der *Via Baltica* sowie des *Birgittawegs* gibt es ab April/Mai 2008. Die *Via Scandinavica* folgt im August 2010.

Der ***Dithmarscher Jakobsweg*** beginnt südlich von Friedrichstadt bzw. der Eiderbrücke direkt an der Kreisgrenze zwischen dem Kreis Nordfriesland und dem Kreis Dithmarschen und führt über Lunden, Heide und Meldorf bis nach Brunsbüttel, wo er an der Kreisgrenze zum Kreis Steinburg endet. In voller Länge von 117 Kilometern erstreckt er sich also innerhalb der Grenzen der Region, die seit den Zeiten Karls des Großen unverändert geblieben sind und auch heute noch die Kreisgrenzen sind.

Über den Elberadweg gibt es eine Anbindung des Dithmarscher Jakobswegs an die Hauptroute der *Via Jutlandica* am Stör-Sperrwerk bei Glückstadt, die ihrerseits dann zwischen Harsefeld und Zeven an die *Via Baltica* anbindet.

Wegzeichen des Dithmarscher Jakobswegs in Windbergen

PLANUNGSPHASE

Da meine Lebensgefährtin Christine am letzten Juli Wochenende 2022 gemeinsam mit ihrer Schwester per 9-Euro-Ticket verreisen will, haben unser Hund Kito und ich an diesem besagten Wochenende von Freitag bis Sonntag „freie Bahn" für unsere Abenteuer.

Ab Mitte Juni 2022 waren wir beiden bereits auf dem *Jacobusweg Lüneburger Heide* von seinem Anfang in Hamburg aus sowie seinen Nebeneinstieg in Lüneburg bis zum Endpunkt in Kloster Mariensee unterwegs, wobei wir nur tageweise pilgerten und abends stets per 9-Euro-Ticket heimfuhren.

Um das 9-Euro-Ticket auch im August 2022 noch ausnutzen zu können, wählte ich als „Anschlussprojekt" den *Dithmarscher Jakobsweg* – also die *Westküstenroute der Via Jutlandica* – aus. Dieser hat den Vorteil, dass wir – im Gegensatz zum *Jacobusweg Lüneburger Heide* – mehr oder weniger auf Hamburg zu oder schräg daran vorbei pilgern und unsere täglichen An- und Abreisen tendenziell kürzer werden.

Außerdem, so erfuhr ich im Juli am Fahrkartenschalter in Buchholz, sind in Schleswig-Holstein auch 9-Euro-Tickets für Hunde möglich. In Niedersachsen dagegen musste ich außerhalb des Hamburger Verkehrs-Verbunds HVV (also südlich von Soltau) für Kito stets Kinderfahrkarten lösen.

29. JULI 2022
ANREISE & FRIEDRICHSTADT BIS HEMME (TAG 1)

Verglichen mit Christine, die bereits um Viertel vor sechs aus dem Haus musste, können Kito und ich beinahe „ausschlafen", denn wir müssen ja erst um halb acht in Richtung S-Bahnhof Poppenbüttel losgehen. Allerdings muss Kito auf dem Weg dorthin noch seine „morgendlichen Geschäfte" erledigen, was aber zeitlich keine Probleme bringt.

Probleme bereitet dagegen der Fahrkarten-Automat in Poppenbüttel, der für Kitos 9-Euro-Ticket – in Schleswig-Holstein gibt es das ja für Hunde – keinen 10-Euro-Schein akzeptiert. So kaufen wir das Ticket später beim Umsteigen im Bahnhof Altona.

Der Schienenersatzverkehr zwischen Poppenbüttel und Ohlsdorf, der uns drei Wochen lang viel Zeit gekostet hat, ist seit heute null Uhr passé. Wir können mit der S 1 ohne Störung bis Altona durchfahren und dort in den RE 6 in Richtung Westerland (Sylt) umsteigen. Beide Züge sind von Anfang bis Ende pünktlich. Es ist fast alles perfekt.

„Fast", denn ich bemerke relativ früh, dass ich Kitos Wasserflasche mit dem großen Deckel, aus dem er immer gerne trinkt, zwar vom kleinen Tagesrucksack abgemacht, aber nicht am großen Rucksack außen befestigt habe! Das bedeutet: Ich muss unterwegs eine neue Hundetrinkflasche auftreiben oder geschickt improvisieren.

In **Heide** haben wir – von 10:01 bis 11:01 Uhr – eine Stunde Aufenthalt. Diese benötigen wir, um uns im Gemeindehaus mit Küster Volker Nottelmann zu treffen und den Schlüssel für die dortige Pilgerunterkunft **morgen** Abend an uns zu nehmen. Morgen ist dort nämlich niemand verfügbar, der uns den Schlüssel überreichen und uns hereinlassen könnte.

Auf dem Weg dorthin versuche ich noch, Kitos Flasche irgendwo zu kaufen, habe aber leider keinen Erfolg. Und nach der Schlüsselübergabe und Einweisung in die Heider Pilgerunterkunft müssen wir dann auch schon wieder fix zurück zum Bahnhof.

Den erreichen wir rund fünf Minuten vor der Abfahrt des erneut pünktlichen Zugs, der uns dann 18 Minuten später am Bahnhof Friedrichstadt wieder entlässt.

Kito träumt im Zug nach Friedrichstadt von neuen Abenteuern.

Die Sonne scheint prächtig – fast zu prächtig – vom fast wolkenlosen Himmel, und das Thermometer zeigt bereits 24 °C (später werden es sogar 26 °C), als wir ins Zentrum des 1621 von holländischen Glaubensflüchtlingen gegründeten Städtchens pilgern.

Friedrichstadt wirkt in der Tat so, als befände man sich in den Niederlanden, und die Gastronomie und die Tourist-Information tun alles, um diesen Eindruck zu verstärken. Zugleich sind alle Informationen hier dreisprachig, allerdings nicht niederländisch, sondern deutsch, dänisch und englisch.

Kito und ich erkunden – auch auf der Suche nach einem ersten Pilgerstempel dieses Wegs – die evangelisch-lutherische **St.-Christophorus-Kirche**, die zwar offen und hübsch ist, aber eben keinen Pilgerstempel hat. Und das Gemeindehaus ist am Freitag-Mittag nicht mehr geöffnet.

Die auf der gegenüber liegenden (südlichen) Seite des Mittelburgwalls liegende **Mennonitenkirche**, die auch von der lutherisch dänischen Gemeinde mitgenutzt wird, ist nur über ein Museum zu betreten. An dessen Kassen bekommen wir immerhin schon einmal einen ersten kleinen Museumsstempel (aber halt keinen Pilgerstempel). Einen zweiten Nicht-Pilgerstempel erhalten wir in der Tourist-Information, in der man auch überrascht zu sein scheint, dass es seit 2013 – also immerhin bereits seit neun Jahren (!!!) und nicht erst seit neulich – den *Dithmarscher Jakobsweg* gibt.

Mennonitenkirche in Friedrichstadt

Ansonsten unterstützen wir Friedrichstadts Konjunktur mit einem Brötcheneinkauf beim Bäcker, einem Supermarktbesuch und einem zweiten Bäckereieinkauf, bei dem wir eine riesige Streuselschnecke kaufen. Letztere essen wir sogleich auf der Wiese vor dem Supermarkt, auf der Kito im Schatten gewartet hatte.

Er ist inzwischen ein sehr erfahrener und eingespielter Pilgerpartner und weiß oft sofort, was ich von ihm will oder ob und wann er irgendwo angeleint warten muss. Das erträgt er dann zwar ungern, aber stets geduldig und ohne die Passanten anzubellen.

16

Wir verlassen Friedrichstadt gegen 13 Uhr und erreichen bald die 1916 erbaute **Eiderbrücke**, hinter der – genau an der Kreisgrenze zwischen Nordfriesland und Dithmarschen der **Dithmarscher Jakobsweg** offiziell beginnt und wir genau dort auch unser erstes heutiges Pilgerwegzeichen entdecken.

Schon auf den ersten Metern haben wir jedoch ein neues Problem. Laut Outdoor-Pilgerführer, Wolfgang Mohrs Wegbeschreibung (mit Karten) und den eindeutigen Muschelzeichen biegt der Pilgerweg sogleich auf den Eiderdeich.

Im Outdoor-Büchlein steht dazu: *„Die Pilgerroute führt rechts auf dem Ei-derdeich weiter; der Zugang ist möglicherweise durch ein Gatter für auf dem Deich weidendes Vieh versperrt, das überwunden werden muss."*

In der Realität sind jedoch sowohl das Gatter als auch der Fußgänger-durchgang demonstrativ mit Ketten verschlossen, eine Passage also vom Grundbesitzer ganz offenbar und eindeutig nicht erwünscht. Würden auf dem Deich Jungbullen weiden, hätte dies auch eindeutig Sinn. Soll ich also mit dem schweren und großen Rucksack und Kito übers Gatter steigen und mir die Passage ertrotzen?

Nein, da wähle ich lieber die nur unwesentlich längere Streckenalternative für Fahrradfahrer, die zwar auf dem Geh- und Radweg neben der recht frequentierten L 156 entlangläuft, aber ansonsten wenigstens keine Unwägbarkeiten bereithält.

Die Fahrrad-Route bringt uns dann auch fast zwangsläufig zum Ort **St. Annen** und dort zur im Jahr 1500 erbauten **Kirche St. Anna**. Diese steht zum Schutz vor Hochwasser auf einer Warft. Die Kirche ist geöffnet und sehr sehenswert, wobei der Altar des Lundener Holzschnitzers Claus Heim im Barockstil des 17. Jahrhunderts besonders hervorsticht.

Die Geschichte von St. Annen als eigenständiger Siedlung begann 1491 mit der Gründung der Kapelle. Sie ist benannt nach der Heiligen Anna, der Mutter Marias und damit Großmutter von Jesus Christus. 1584 bestimmte Papst Gregor XIII den 26. Juli zu ihrem Gedenktag.

Drei Familien im östlichen Kirchspiel Lunden hatten gelobt, eine Kapelle zu bauen, wenn ihnen die Eindeichung eines neuen Koogs gelänge. Einige Familienangehörigen gingen nach Rom und brachten von der Wallfahrt 1500 eine Ablassurkunde mit, die besagte, dass allen Förderern des Baus und seiner Ausstattung ein 100-tägiger Ablass gewährt wird. Als es soweit war, kam es zu Konflikten mit dem Lundener Kirchspiel, das sich gegen den Bau einer Kapelle und damit den befürchteten Machtverlust aussprach. So schickten die Erbauer von Sankt Annen wieder nach Rom zu Papst Julius II. (regierte von 1503 bis 1513) und ließen sich erfolgreich das Patronatsrecht über die Kapelle verleihen. Die alte päpstliche Urkunde von 1507, die es St. Annen erlaubt, eine eigenständige Kirchengemeinde zu sein, ist noch im Original erhalten, ebenso wie die Urkunde von 1500. Quelle: www.kirche-dithmarschen.de)

Allerdings gibt es auch hier – nun aber definitiv **auf** dem Jakobsweg – keinen Pilgerstempel!

Als Pilger haben Kito und ich gelernt, solche Widrigkeiten des Schicksals gelassen zu ertragen, und so machen wir erst einmal auf einer Friedhofsbank unsere ja eigentlich bereits zweite Tagesrast.

Da Kito Bananen mag, hatte ich vorhin im Supermarkt eine Halbliterflasche Bananenmilch gekauft, die ich zu etwa 90 Prozent austrinke und dann für ihn mit Wasser fülle. Der Deckel dieser Flasche ist zwar nicht mit dem der Hundetrinkflasche vergleichbar, aber als Improvisation erfüllen Flasche und Deckel ihren Zweck.

Kirche St. Anna

Wenige hundert Meter weiter nördlich treffen wir wieder auf die korrekte Jakobsweg-Route und folgen ihr. Da der Grasweg beidseits von Wassergräben und Schilf begrenzt wird, lasse ich Kito zu seiner Überraschung von der Leine, was er mit ganz offensichtlicher Freude zum Herumtoben nutzt, ohne dass er sich mehr als etwa 25 Meter von mir entfernt.

Der nächste Fehler geht dann ganz eindeutig auf mein Konto und nicht auf das meiner Pilgerführer. Ich hatte nämlich zwei Kartenausschnitte vertauscht und wundere mich schon, warum der Kartenausschnitt so gar nicht zum realen Weg passt. So durchqueren wir – Kito wieder ohne Leine – ein frisch abgeerntetes Stoppelfeld und landen plötzlich erneut an der L 156, über die wir **Lehe** erreichen. Unsere „Version" ist eindeutig nicht kürzer, aber sicher weniger hübsch als der „Original"-Weg, der in Lehe wieder zu uns stößt (oder umgekehrt wir zu ihm).

Es ist bereits fast 16 Uhr, als wir **Lunden** erreichen, das 1140 erstmals als Kirchspiel urkundlich erwähnt wurde und zwischen 1529 und 1559 sogar Stadtrecht besaß. Die romanische **St.-Laurentius-Kirche** thront auf einer Anhöhe. Auch sie ist geöffnet, hat aber wieder keinen Pilgerstempel.

Den holen wir uns eine halbe Stunde später in der *Königlich privilegierten Apotheke*. Zwischenzeitlich erkunden wir noch den imposanten und in seiner Art einmaligen **Geschlechterfriedhof** rund um die Kirche.

Hier hatten sich nämlich – vorrangig ab der Blütezeit der **Dithmarscher Bauernrepublik** (1447-1559) – knapp drei Dutzend reicher und mächtiger Marschenbauerngeschlechter repräsentative Familiengräber errichtet, die zumeist aus bis zu zwei Tonnen schweren Gedenk- und Grabplatten und darunter großen Gewölben bestehen, in denen die Toten beigesetzt wurden. Einige dieser Gräber sind inzwischen mit EU-Mitteln wieder hergerichtet worden.

St.-Laurentius-Kirche, Lunden

Während ansonsten in den Herzogtümer Schleswig und Holstein der Landesadel und der dänische König (als der gemeinsame Landesherr beider Herzogtümer) die Macht innehatten und die Geschicke der Landschaften steuerten, hatte Dithmarschen sehr lange seine Unabhängigkeit bewahrt.

Hier dirigierten stattdessen die mächtigen Familienverbände (Geschlechter) der Marschenbauern die Geschicke. Von ihrer Macht und

20

ihrem Reichtum partizipierte natürlich auch die Lundener Kirche und eben dieser einmalige Geschlechterfriedhof.

Jedes Grab gehörte zu einem Hof (und wurde im Zweifelsfalle mit diesem weiterverkauft).

Dass die Lundener St.-Laurentius-Kirche heutzutage wesentlich schlichter wirkt als zum Beispiel die deutlich kleinere St.-Marien-Kirche in Hemme, die wir am Abend erreichen, liegt an den verheerenden Lundener Kirchenbränden von 1559 und 1834, wobei alleine letzterer Brand bis auf den 40-armigen Kronleuchter von 1774 das gesamte Kircheninterieur vernichtete.

Da direkt neben der Kirche ein Laden dänisches Softeis anbietet und Kito und mir eindeutig der Sinn nach etwas Erfrischendem steht, spendiere ich jedem von uns ein solches Eis. Kito bekommt eines aus einer Bruchwaffel zum „Hunde-Sonderpreis" von 1,00 Euro.

Geschlechterfriedhof Lunden

Beim Weiterpilgern sind wir dann plötzlich zur Gänze auf meine ausgedruckten Wegkarten aus dem Web angewiesen. Im Outdoor-Pilgerführer fehlt nämlich ein kompletter Textblock, ohne den man den Weg aus

Lunden heraus sonst – also nur mit den Markierungen – definitiv nicht finden kann.

Apropos *Markierungen*: Ich stelle hier immer wieder fest, dass ich offenbar von der *Via Baltica*, dem *Osnabrücker Jakobsweg* und dem *Jacobusweg Lüneburger Heide* her sehr verwöhnt bin. Hier jedenfalls gibt es jede Menge Wegkreuzungen oder Weggabelungen, bei denen ich mir dringend Markierungen wünsche, aber keine finde. Zudem werden viele Markierungen so geklebt, dass man sie nicht von vorne, sondern erst von der Seite aus sehen und lesen kann.

[Nachtrag von März 2023: Wie ich bei der Hamburger Pilgermesse Ende Februar 2023 erfahre, gibt es für diesen Jakobswegs inzwischen einige neue Wegepaten, die sich engagiert um die Aufarbeitung dieser Markierungsdefizite kümmern.]

Lundens **Gänsemarkt** – er soll der größte Dorfplatz Dithmarschens sein – sehen und passieren wir zwar, erkennen ihn mangels Textbeschreibung nicht in seiner Einzigartigkeit.

Dafür erreichen wir den Rand eines Friedhofs und damit eine Wasserstelle. Ich lasse Kito Wasser aus meiner Hand trinken. Der Kleine ist richtig durstig.

Der Rest der heutigen Strecke ist zwar immer wieder recht hübsch, aber insgesamt unspektakulär. Die einstige *„Lundener Düne"*, über die wir nach **Krempel** und **Rehm** gelangen, erkennen wir jedenfalls nicht als solche.

Um 18:30 Uhr erreichen wir endlich **Hemme** und die dortige – natürlich ebenfalls auf einer Warft errichtete – **St.-Marien-Kirche**. Während ich das Kirchenumfeld erkunde und Pastor Lange anrufe, „okkupiert" Kito sogleich das dortige kleine Bushaltestellen-Häuschen und bewacht dort meinen Rucksack.

Der vom Pastor benachrichtigte Küster (er trägt ein W:O:A: T-Shirt) trifft gegen 19 Uhr ein. Das Gemeindehaus, unsere Pilgerunterkunft, ist noch bis 20:30 Uhr von einem Frauenchor besetzt und bis dahin für uns nicht frei.

Stattdessen zeigt der Küster mir in der Zwischenzeit das ansonsten nicht zugängliche Kircheninnere. Diese Kirche hier in Hemme ist unter den heute besichtigten Gotteshäusern eindeutig die beeindruckendste.

22

St.-Marien-Kirche in Hemme

St.-Marien-Kirche in Hemme

Hemme gehörte bis 1281 zum Kirchspiel Lunden. Die Kirchspiele waren zu jener Zeit in Dithmarschen jedoch mehr als nur einfache Pfarreien, sondern sie waren zugleich Gerichts- und Verwaltungsinstanz und mitspracheberechtigt in der Dithmarscher Bauernrepublik. Spätestens ab 1323 ist Hemme dann als eigenständiges Kirchspiel belegt.

Die im frühen 14. Jahrhundert erbaute Kirche wurde von den ortsansässigen Großbauernfamilien als Eigenkirche (also auf eigene Kosten) errichtet. Im Gegenzug sparten sie sich den langen Kirchweg nach Lunden und zurück.

So zieren zahlreiche Familienwappen das aus der Zeit um 1550-1575 stammende Gestühl im Kirchenraum und der Empore und ist das Kircheninnere für eine so kleine Kirche überaus kostbar. Die **Renaissancekanzel** stammt von 1567, der frühbarocke Altar von 1622 mit Ergänzungen von 1634. Letztere werden *Claus Heim (Nicolaus Heimen)* aus Lunden zugeschrieben, von dem auch das kostbare und prachtvolle **Epitaph Kraißbach** von 1635 an der Nordwand der Kirche stammt, das als sein erstes großes Werk gilt.

Die einzige Einkaufsmöglichkeit in Hemme, nämlich die Tankstelle *„Tank-Shop"*, erreichen Kito und ich auch noch rechtzeitig, bevor sie um 20 Uhr schließt. Eine Flasche Eistee und ein Mikrowellen-Essen müssen für heute reichen. Den Rest haben wir im Rucksack dabei.

Um kurz nach 20:30 Uhr kommen wir endlich in unsere Pilgerunterkunft. Sie besteht aus einem mittelgroßen Raum mit acht zu einem Rechteck zusammengestellten Tischen, einer Spüle, Kühlschrank, Mikrowelle, immerhin auch einer kleinen Spülmaschine und etwas Besteck und Geschirr. Ach ja, und genau eine Steckdose gibt es auch.

Aber für uns beide ist dies ausreichend. Ich breite die Isomatte und den Schlafsack auf dem Boden vor den Fenstern aus, und Kito nimmt sie sogleich als seinen heutigen Schlafplatz an. Wie gesagt: Er ist mein versierter, genügsamer und kooperativer Pilgerpartner!

Bis kurz nach 23 Uhr ist das Netzteil des Laptops in der Steckdose, danach das Ladegerät des Kamera-Akkus. Das reicht auch. Wir gehen noch eine kurze Abendrunde für Kito, und dann ist Nachtruhe.

Tagesdistanz: 17,3 km plus 6 km Anreise sowie in Heide, Friedrichstadt und Hemme = 23,3 km

Gesamtdistanz: 23,3 km

Erkenntnis des Tages: Pilgern ist von Pilgerweg zu Pilgerweg immer wieder neu und anders. Aber mit Kito ist es immer schön.

unsere Pilgerunterkunft in Hemme

30. JULI 2022
HEMME BIS HEIDE (TAG 2)

Die Nacht auf der dünnen Isomatte und im Schlafsack, in den sich auch Kito hineinquetscht, ist ein wenig gewöhnungsbedürftig, aber durchaus gut. Zwischendurch werde ich zweimal wach, weil mir kalt ist. Das liegt daran, dass ich den Schlafsackreißverschluss zunächst nicht ganz zugezogen habe und der Schlafsack irgendwann beim Umdrehen verrutscht. Dieses Problem ist rasch behoben.

Teilweise macht sich auch Kito etwas breit, aber er rutscht dann weiter in den Fußbereich hinunter und wärmt meinen dünnen Schlafsack ansonsten angenehm mit auf.

Ich wache gegen halb acht auf und beschließe, gemeinsam mit Kito noch ein wenig zu kuscheln und zu dösen, so wie wir es zu Hause auch lieben. Kurz vor acht stehe ich auf, ziehe mich an, und wenige Minuten später sind wir auf Kitos morgendlicher „Geschäftstour". Die war offenbar auch sehr dringlich, denn er erledigt seine Geschäfte sehr rasch.

Ich stelle fest, dass dieser eine Raum, den wir zum Übernachten zur Verfügung haben, tatsächlich das gesamte Gemeindehaus ist. Der viel größere Rest des einstigen Pastorats ist als Ferienwohnung vermietet. Hier wohnen insgesamt acht junge Leute aus Erfurt, die Kito morgens anhaltend „meldet". Glücklicherweise gelingt es mir, ihn von echtem Bellen auf ein mittelleises „Wuff" herunter zu dirigieren.

Ich inspiziere die Einbauschränke an der rechten Längsseite des Zimmers genauer und sehe, dass ein Schrankteil einen Wasserkocher und eine Kaffeemaschine sowie zwei Dreifachsteckdosen beinhaltet.

Kaffeepulver ist auch vorhanden, und so kann ich mir einen Frühstückskaffee kochen. Dazu gibt es ein mitgebrachtes belegtes Brötchen, vor dem Kito natürlich seinen Anteil abbekommt.

Gegen neun Uhr sind wir damit fertig, und ich habe den Abwasch erledigt und alle Sachen wieder im Rucksack verstaut. Wir warten nach bis gegen halb zehn, unserer gestern mit dem Küster verabredeten Zeit, hinterlassen unsere Spende auf einem der Tische und brechen auf.

Zunächst erkunden wir – jetzt bei bestem Tageslicht, wenngleich leicht bedecktem Himmel – die restlichen Bereiche des Friedhofs. Kurz vor zehn sind wir definitiv unterwegs.

Wir passieren fix den „Tank-Shop" – was ein Fehler ist, denn dies wäre der einzige Ort in Hemme gewesen, wo wir eine Chance auf einen Stempel gehabt hätten. Hemme ist zwar nur klein und hat nur 490 Einwohner, ist aber ein Straßendorf und zieht sich daher ziemlich lang hin. Auch danach folgt der Jakobsweg nur dem Geh-/Radweg der mäßig befahrenen Land-straße L 156, die wir bereits von gestern her kennen.

Die Sonne hat ihren Dienst inzwischen auch angetreten, und so wird es zum Mittag hin ziemlich unangenehm warm. Schwül war es bereits am Morgen. Nun aber steigt die Temperatur dazu auf mindestens 26 °C, was in der Sonne 33 °C oder mehr ergibt.

Schon nach gut einer Stunde meldet Kito an einem Rastplatz neben der Straße Pausenbedarf an. Er ist durstig und wie meist auch ein wenig hung-rig. Dieser einen Pause werden im Laufe des Tages mindestens vier wei-tere folgen…

Strübbel, unser nächstes Durchgangsziel, ist ein netter kleiner Ort, aber kein Highlight. Bemerkenswert finde ich nur das ukrainische Restaurant

Hutorok am Ortsanfang, das offenbar den einstigen Landgasthof übernommen hat.

Und im Kriegerdenkmal für die Gefallenen des 1. und 2. Weltkriegs fällt
mir ein Dienstrang „Feldw. Ltn." Auf. Ein „Feldwebelleutnant" ist mir als
Dienstrang indessen noch nie begegnet. Dem muss ich bei Gelegenheit einmal in Ruhe nachgehen.

Einschub aus wikipedia.de: *„Der Dienstgrad Feldwebelleutnant (auch
Feldwebel-Leutnant) war seit 1877 im deutschen Heer der unterste Offiziersdienstgrad. Zu Feldwebelleutnants wurden in Friedenszeiten bevorzugt langgediente Unteroffiziere „des Beurlaubungsstandes" (Reserve) befördert, im Ersten
Weltkrieg auch Berufsunteroffiziere. ... Der Feldwebelleutnant besaß zwar den
Rang eines Leutnants, rangierte jedoch stets nach einem Leutnant, da er kein Offizierspatent besaß."*

Am Ortsende Strübbels verlassen wir endlich den Geh-/Radweg der
Landstraße L 156 und biegen in einen sehr verkehrsarmen Wirtschaftsweg
ein. Es ist inzwischen kurz nach zwölf Uhr, und die Sonne nähert sich ihrem Zenit. Zudem ist es windstill und der nächste Streckenabschnitt zu
rund 80 Prozent schattenlos.

Kito auf dem Weg zum nächsten Schatten-spendenden Baum

Kito ist ein stets aufmerksamer Mitpilger und treuer Begleiter.

St.-Jacobi-Kirche in Neuenkirchen, eine verschlossene „offene Kirche"

St.-Jacobi-Kirche in Neuenkirchen

30

Ich mache Kito zu seiner eigenen Überraschung von seiner Leine los, und der kleine Kerl düst eine Zeitlang übermütig hin und her, ehe er sich darauf verlegt, zum Schatten des nächsten Baumes vorzulaufen, sich dort hinzulegen und dort auf mich zu warten. Ganz schön plietsch, mein kleiner Mitpilger!

Beim Herannahen der wenigen Autos oder Radfahrer kommt er auf Rückruf schnell und zuverlässig zu mir zurück, wobei ich ihn anfangs kurz wieder anleine, aber dann zunehmend dazu übergehe, ihn nur einen Moment festzuhalten und dann gleich wieder loslaufen zu lassen.

In **Neuenkirchen** „wartet" die spätgotische Backsteinkirche **St. Jacobi**, deren Kirchturm wir schon von weitem hatten sehen können, auf uns. An der Kirchentür wird extra betont, dass sie *„am Jacobsweg"* liegt und eine *„offene Kirche"* ist. Aber sie ist trotzdem verschlossen, und einen Pilgerstempel gibt es auch hier – fast bin ich geneigt zu sagen: „natürlich" – nicht.

Wie die St.-Marien-Kirche in Hemme wurde sie in Eigeninitiative wohlhabender Bauernfamilien errichtet, die sich im Falle Hemmes von der Kirche in Lunden lösen wollten und sich hier in Neuenkirchen den sonntäglichen sechs Kilometer langen Hin- wie Rückweg zur Kirche in Wesselburen ersparen wollten. Aber wie in Lunden wurde die reiche Innenausstattung hier in St. Jacobi durch zwei Brände zerstört, ist also nicht mehr erhalten.

Im Übrigen ist Neuenkirchen an diesem Samstag kurz nach 13 Uhr wie ausgestorben. Es gibt weit und breit weder eine Einkaufs- noch eine Einkehrmöglichkeit. Auch *„Lützel's lütter Laden"*, ein netter kleiner Kiosk mit Kaffeeausschank, hat zu – Mittagspause!

Wir verlassen den Ort gen Osten auf dem Geh-/Radweg einer kleinen wenig befahrenen Straße. Diesmal ist es nicht die L 156, denn diese queren wir wenig später. Aber ansonsten wirkt dieser gesamte Abschnitt seit heute früh ziemlich monoton, öde und auch etwas langweilig. Erst der asphaltierte Wirtschaftsweg östlich der B 5 bietet wieder so richtig schöne Landschaft mit tollen Feldern und Wiesen.

Aber diese Straße ist nun eine weitere Möglichkeit, Kito ohne Leine pilgern zu lassen. Da er sich super-lieb und gehorsam zeigt und bei jedem Auto oder Fahrrad auf Kommando sofort zu mir kommt, kann er jetzt sogar ganze vier Kilometer am Stück frei mitlaufen. In der Regel läuft er so

10-30 Meter vor und kommt mir anschließend etwa Dreiviertel dieses Abstands wieder entgegen.

Reste der Ringwallanlage Stellerburg aus dem 9. Jh.

Erst im Bereich der **Stellerburg** (auch *Steller Burg* geschrieben), einer sächsischen Ringwallburg aus dem 9. Jahrhundert, deren etwa 5 Meter hoher Wall am Übergang zwischen Moor und Geest damals etwa 20 Häusern Schutz bot, nehme ich ihn wieder an die Leine. Hier wird mir der Auto- wie Fahrradverkehr wieder zu dicht, und ich möchte nach diesem guten Stück keine Probleme mit bzw. bei Kito provozieren.

Jedenfalls ist er – seit er am 1. Mai 2021 zu uns kam – noch nie so viel frei herumgelaufen!

Nach einigen ausgiebigen Pausen erreichen wir kurz vor 16 Uhr **Weddingstedt**, wo wir sogleich den Edeka-Markt ansteuern. Der hat jedoch samstags nur bis 14 Uhr auf, womit wir heute nach wie vor (bis auf den Tank-Shop Hemme) keine Einkaufsmöglichkeit haben.

Als uns so etwas im Juli 2021 auf dem Wilsnacker Pilgerweg in Brandenburg passierte, erklärten wir uns das damals mit der zerfallenen und zuvor schon dünn gewesenen Infrastriktur im Osten und den zusätzlichen

Auswirkungen der COVID-19 Pandemie. Aber besser ist es hier in Dithmarschen auch nicht.

In Weddingstedt hat gerade eine Hochzeitsgesellschaft die **St.-Andreas-Kirche** verlassen. Damit steht es bei Kitos und meinen Pilgerwegen seit Mitte Juni in der Lüneburger Heide und hier bei drei Trauungen, einer Beerdigung und einer Doppel-Taufe.

Wir huschen rasch am Brautpaar und den Gästen vorbei in die somit wenigstens geöffnete Kirche und treffen dort die Küsterin, die noch etwas aufräumt. Ja, einen Pilgerstempel gibt es. Aber der liegt im Gemeindehaus, weil die Kirche ja sonst nicht geöffnet ist. Und jetzt ist halt das Gemeindehaus geschlossen. Ich plausche ein wenig mit ihr, ehe ich mit Kito draußen im Schatten der Kirche eine weitere Rast einlege und Kito reichlich kaltes Wasser auf einem Friedhofswasserhahn bekommt.

Als wir dann endlich aufbrechen und etwa 250 Meter später von der Friedhofsstraße in die Schulstraße einbiegen wollen, taucht die Küsterin plötzlich wieder auf. Sie hat den Pilgerstempel inzwischen gesucht, gefunden und stempelt uns nun vor dem Gemeindehaus mit viel Freude unsere Pilgerpässe.

Das abschließende Wegstück von Weddingstedt bis Heide ist zunächst schnurgerade und wenig reizvoll. Das ändert sich erst, als wir linker Hand die **Kreistannen**, ein Waldgebiet, erreichen. Das kenne ich vom einstigen *Ostrohe Marathon*, den ich ab den 1990er Jahren bis zuletzt 2015 des Öfteren gelaufen bin! Und prompt folgt der Jakobsweg rund 800 Meter lang einem Teilstück der Marathonstrecke!

Ab hier sind es nur noch rund 2 ½ Kilometer bis zu unserem Tagesziel in **Heide**. Und um kurz nach 19 Uhr beziehen der 4-Pfoten-Pilger und ich dort unsere Pilgerunterkunft im Gemeindehaus der **St.-Jürgen-Kirche**.

Während Kito im Quartier bleibt, gehe ich rasch einkaufen: zunächst Milch, Joghurt, Hundekaustreifen und Eistee, direkt danach eine asiatische Box mit Nudeln und Hähnchenfleisch.

Letztere verputzen Kito, der brav gewartet hatte, und ich dann sogleich gemeinsam.

Den Rest des Abends verbringen wir in unserem Quartier – Kito dösend, ich mit Tagebuch-Schreiben und Sichtung meiner Fotos.

St.-Andreas-Kirche Weddingstedt, der Turmstumpf ist das älteste Gebäude Dithmarschens.

St.-Andreas-Kirche in Weddingstedt

St.-Andreas-Kirche in Weddingstedt

St.-Jürgen-Kirche in Heide

Und um 23 Uhr steht dann erneut Kitos abendliche „Geschäftsrunde"
an. Dazu gehen wir in die *Neue Anlage*. Kito will ins Bett und beeilt sich
sehr bei seinen „Geschäften". Vielleicht hatte er aber auch nur Druck…

Tagesdistanz: 23 km

Gesamtdistanz: 46,3 km

Erkenntnisse des Tages: Die Infrastruktur in Dithmarschen ist mitunter ebenso dünn wie die in Brandenburg. Pilgerstempel sind auf diesem Jakobsweg eine Rarität. Aber Hilfsbereitschaft kann vieles wieder retten. Und last not least: Kito macht weitere Fortschritte als „Pilger-Hund ohne Leine".

St.-Jürgen-Kirche in Heide

31. JULI 2022
HEIDE BIS MELDORF (TAG 3)

Unsere Nacht war gut, aber nicht super. Den harten Untergrund bin ich nicht wirklich gewohnt und muss mich daher immer wieder umdrehen. Das gefällt nun wieder Kito nicht, so dass er aus meinem Schlafsack aussteigt und erst am frühen Morgen wieder zum Kuscheln zurückkommt.

Um kurz vor acht sind wir – schon vor dem Wecker – auf. Ich setzte rasch Kaffee auf, putze meine Zähne, wasche die Haare, hüpfe in meine Pilgersachen, und dann geht es auch schon raus mit Kito. Wir gehen erneut in die *Neue Anlage*, und Kito ist ähnlich schnell wie gestern Abend.

Wieder in der Pilgerunterkunft angelangt, steht nun erst einmal ein gemütliches Frühstück zu zweit an. Da unsere heutige Tagesetappe um rund ein Viertel kürzer ist als die beiden vorigen, gibt es keinen Grund zu übermäßiger Hektik.

Ich sichte die im Laptop abgespeicherten Zugverbindungen von Meldorf nach daheim und stelle fest, dass von einer Ankunft zu Hause gegen 19 Uhr bis Ankunft in Hamburg Hbf gegen 21 Uhr (und damit vielleicht sogar zeitgleich mit Christine!) alles möglich ist.

Es geht auf zehn Uhr zu, als wir eigentlich abmarschbereit sind. Ich möchte jedoch noch einige Sehenswürdigkeiten in der Nähe ohne Gepäck besuchen. So gehen wir an der *Neuen Anlage* vorbei zum mittelalterlichen Handwerkerviertel *Lüttenheit (Klein-Heide)*, dessen Museumsinsel zwar noch geschlossen ist, dessen Gebäudeensemble aber auch von außen eindrucksvoll aussieht.

Hier findet sich auch das **Geburtshaus des plattdeutschen Heimatdichters Klaus Groth** und das **Familienstammhaus der Familie Brahms**, wobei Johannes Brahms hier nie wohnte, allerdings häufig seinen hier wohnenden Großvater besuchte und Heide daher sehr gut kannte.

Witzig finde ich auch, dass man auf der Straße **Himmelreichstraße** kommend, nicht geradeaus fahren kann, sondern rechts abbiegen muss. Die Straße geradeaus heißt nämlich **Hölle**!

Büste des Dichters Klaus Groth vor seinem Geburtshaus

Stammhaus der Familie Brahms

Um Himmels Willen rechts ab und keineswegs geradeaus in die Hölle!

Die Hölle ist eine Einbahnstraße!

Die **St.-Jürgen-Kirche**, in deren Gemeindehaus wir übernachtet haben, ist wegen Renovierung geschlossen, so dass wir hier auch keinen Pilgerstempel bekommen können. Stattdessen lassen wir unsere Pilgerpässe im **Eiscafé Cortina** am Markt stempeln.

Es ist 10:50 Uhr, als wir dann wirklich aufbrechen und den Schlüssel des Gemeindehauses samt unserer Spende für die Übernachtung im Gemeindehausbriefkasten „versenken" Am **St.-Georg-Brunnen** vorbei (St. Georg ist der Stadtpatron Heides) gehen wir durch die Süderstraße und biegen an deren Ende nach rechts, also gen Westen, ab.

Die Jakobswegmarkierungen sind einmal mehr kaum bis gar nicht vorhanden. Nur mit ihnen hätten wir auch heute den Wegverlauf nicht finden können, wobei ich allerdings den Eindruck hatte, dass sie südlich von Hemmingstedt besser wurden.

Wir durchqueren **Lohe-Rickelshof.** An dessen Westrand wäre es sicherlich einfacher und lohender, über die Straße Nehren gleich nach Süden und damit nach Hemmingstedt zu gehen. Das wäre durchaus auch erlaubt und legitim, aber es entspricht halt nicht dem offiziellen Jakobsweg. Dieser führt weiter nach Westen, überquert noch die Westküstenautobahn A 23 und biegt erst direkt hinter ihr nach Süden ab.

Für uns hat diese offizielle Streckenführung den Vorteil, dass sie nahezu komplett verkehrsfrei oder wenigstens sehr verkehrsarm ist und ich Kito somit heute erneut für zunächst 4,7 Kilometer bis nach **Hemmingstedt** hinein ohne Leine pilgern lassen kann. Der Kleine genießt dies sichtlich. Teilweise scheint er sich unsicher zu fühlen und geht dann jeweils so dicht neben mir her, als sei er an der Leine, die ihm offenbar halt auch immer wieder Sicherheit gibt. Teils aber ist er keck, rennt immer wieder voraus, auch in Feldwege und andere Abzweigungen hinein, allerdings niemals zu weit, und kommt auf Rückruf aber immer wieder sofort zu mir zurück.

Auch bei Autos, Radfahrern, einem Läufer und diversen Spaziergängern gibt es keine Probleme: Auf das von uns nie eingeübte Kommando *„hier"* geht er sofort links neben mir bei Fuß. Das Kommando *„Fuß"* indessen ignoriert er komplett.

Das Wetter meint es heute gut mit uns: Anfangs sind es 20 °C, später 24 °C, gefühlt durchgehend wie 26 °C, und nur sehr gelegentlich erwischen wir auch einmal eine leichte Brise. So kommen wir auch heute zügig voran.

40

In **Hemmingstedt** biegen wir zur **St.-Marien-Kirche** ab, die etwas abseits des Jakobswegs liegt, aber gut zu erreichen ist. Auch sie liegt auf

einem Hügel, was offenbar auch seinen Sinn hat, denn neben dem Besucherparkplatz finden wir einen Findling mit der Hochwassermarke 5,02 Meter der Großen Sturmflut von 1962!

Wir erreichen die Kirche um Punkt eins, haben bis hierhin also 2:10 Stunden gebraucht. Eigentlich hatten wir bei unserer Pilgerwegplanung ja ursprünglich beabsichtigt, statt in Heide hier im Gemeindehaus Hemmingstedt zu übernachten, was jedoch wegen einer Gemeindefeier zur Goldenen Konfirmation nicht realisierbar war.

Offenbar fügen sich manche Dinge beim Pilgern von alleine, denn hier in Hemmingstedt wären wir gestern sicherlich erst gegen 20:30 Uhr eingetroffen und hätten zudem keinerlei Einkaufs-Infrastruktur wie in Heide gehabt. Es war also eindeutig besser so, wie es sich nun einmal ergeben hat.

St.-Marien-Kirche in Hemmingstedt

Leider ist die Kirche verschlossen, und einen Pilgerstempel gibt es somit auch natürlich nicht. Also ziehen wir zwei gegen 13:20 Uhr nach einer kurzen Rast mit Trinken und einem geteilten Teewurstbrötchen weiter.

Wir verlassen den Ort über die Büsumer Straße und stoßen erneut auf den Dellweg, dessen Splitbelag just hier endet. Wir folgen ihm gen Süden.

Der **Dellweg** war mir bislang kein Begriff, und es gibt auch im Web nur wenige Informationen über ihn. Offenbar war er bereits im Mittelalter ein wichtiger Handelsweg durch Dithmarschen, also eine Art regionaler Heer- oder Ochsenweg. Da ist es logisch und verständlich, dass er auch – damals wie heute – von Pilgern genutzt wurde und wird.

Dies erklärt aber auch den nächsten wichtigen Punkt auf unserer Route, nämlich die **Gedenkstätte an der Dusenddüwelswarft**, die an die **Schlacht bei Hemmingstedt am 17. Februar 1500** erinnert.

Wie bereits erwähnt, unterschieden sich die Machtverhältnisse in Dithmarschen ab dem 13. Jahrhundert von denen im Herzogtum Schleswig und der Grafschaft Holstein-Stormarn (dem späteren Herzogtum Holstein). Rein formal unterstand das Gebiet dem Bremer Erzbischof, der jedoch de facto hier wenig bis nichts zu sagen hatte und seine Lehnshoheit kaum ausübte. Real lag die Macht *in der Bauernrepublik Dithmarschen* vielmehr – wie bereits ausgeführt – bei den reichen Bauerngeschlechtern, die ihr Land somit selbst verwalteten. Als oberstes Gremium, quasi als Regierung, fungierten dabei von 1447 bis 1559 die *Achtundvierziger*, 48 aus den Reihen des Großbauerntums entsandte und auf Lebenszeit ernannte *„Regenten und Verweser"*.

Adlige Gutsherrschaften wie in den benachbarten Herzogtümern gab es hier nicht.

1473 wurde *Christian I.*, Landesherr des dänischen Herzogtums Schleswig und der deutschen Grafschaft Holstein sowie König von Dänemark, Norwegen und Schweden, von Kaiser Friedrich III. mit Dithmarschen belehnt. Anlässlich Christians Besuchs beim deutschen Kaiser 1474 erhob dieser die Grafschaft Holstein-Stormarn zum Herzogtum Holstein und verleibte ihr Dithmarschen ein.

Die Dithmarscher beriefen sich jedoch darauf, Lehnsbesitz des Bremischen Fürstbischofs zu sein, was Papst Sixtus IV. 1477 mit einer päpstlichen Bulle bestätigte. Daraufhin zog Kaiser Friedrich III. die Belehnung Christians mit Hinweis auf seine zuvor unzureichende Kenntnis über die Dithmarscher Stellung zur Bremischen Kirche wieder zurück und untersagte Christian I. jegliche weitere Verfolgung seiner Ansprüche an Dithmarschen.

Nach Christians Tod 1481 teilten sich seine Söhne *Johann* (1455-1513) und *Friedrich* (1471-1533) die beiden Herzogtümer untereinander auf Johann I. folgte seinem Vater 1481 zugleich als König Dänemarks und ab 1483 auch als König Norwegens nach, konnte seinen Anspruch auf die schwedische Königskrone jedoch erst 1497 militärisch durchsetzen.

Erst danach konnten sich die beiden Herzöge Johann und Friedrich wieder ihren Ansprüchen auf Dithmarschen widmen, zu deren Durchsetzung sie Anfang 1500 ein für damalige Verhältnisse großes, etwa 12.000 Mann starkes Heer ausrüsteten.

An der Spitze dieses Heeres stand die aus 4.000 Landsknechten bestehende *Schwarze Garde* (auch *Große Garde* genannt), ein wegen seiner Schlagkraft und Grausamkeit berüchtigter Söldnerverband, der auf die Niederschlagung von Bauernaufständen spezialisiert war und der Johann bereits 1497 bei der Durchsetzung seiner Thronansprüche in Schweden gedient hatte.

Dahinter folgten weniger kriegserfahrene Fußtruppen und schließlich die Reiterei mit mehr als 150 Rittern aus beiden Herzogtümern unter Johanns Bannerführer *Hans von Ahlefeldt*.

Am 11. Februar 1500 marschierten die herzoglichen Truppen nach Dithmarschen ein. Sie stießen zunächst auf keinerlei Widerstand in der Geest und eroberten am 12. Februar Windbergen und am 13. Februar Dithmarschens Hauptstadt Meldorf, das sie während der folgenden Tage plünderten und in der sie alle Bewohner töteten.

Für den weiteren Vormarsch des fürstlichen Heeres nach Heide und Lunden gab es damals nur eine Straße, den besagten *Dellweg*, der auf einem geraden Dammrücken lag. Das ihn umgebende Gelände bestand aus Marschland, das von tiefen Wassergräben durchschnitten war.

Da sich das Heer nur auf diesem schmalen Weg fortbewegen konnte, soll es nach Berechnungen des Historikers Walther Lammers mehr als 9,5 Kilometer lang gewesen sein, was bedeutet, dass sich der Tross am Ende noch in Meldorf befunden haben muss, als ganz vorne die Schlacht begann.

44

Einsetzendes Tauwetter, das den Weguntergrund morastig werden ließ, und dichtes Schneetreiben kamen den Verteidigern entgegen, die über Nacht in der Nähe des heutigen Denkmals eine Schanze quer über den Weg angelegt hatten.

Die Schwarze Garde leistete erheblichen Widerstand und versuchte, die Schanze zu umgehen, wurde jedoch zurückgeschlagen, wobei der Herr der Garde, **Thomas Slentz**, fiel. Anschließend wurde die Garde völlig aufgerieben. Der einzig mögliche Fluchtweg vor den von beiden Seiten vorgetragenen Angriffen der Dithmarscher Bauern, nämlich gegen die bisherige Marschrichtung zurück, war durch die nachrückenden fürstlichen Einheiten versperrt, so dass auch die Landwehr und die ritterliche Reiterei, bei der die Dithmarscher zuerst mit ihren Spießen die Pferde abstachen, vernichtet wurden. Wer nicht im Kampf fiel, ertrank.

Die nur drei Stunden dauernde Schlacht endete mit einer vernichtenden Niederlage des fürstlichen Heeres. Neben den Anführern der Söldner waren auch zwei Grafen von Oldenburg, beide Cousins Johanns und Friedrichs, der Bannerträger Hans von Ahlefeldt und große Teile des Adels gefallen. Es soll damals keine ritterschaftliche Familie in den beiden Herzogtümern gegeben haben, die nicht wenigstens mehrere männliche Familienmitglieder bei Hemmingstedt verloren hat.

Für die damalige Zeit war der Ausgang dieser Schlacht nahezu sensationell, denn es war eigentlich nicht denkbar, dass ein - zudem zahlenmäßig

1:2 unterlegenes - Bauernheer ein solch großes schwer bewaffnetes Ritter-
heer einschließlich einer solch kriegserprobten Söldnergarde besiegt bzw.
sogar vernichtet.

Für Dithmarschen bedeutete dieser Sieg weitere 59 Jahre „Bauernrepublik". Diese endete erst 1559 während der *„Letzte Fehde"*, als ein 18.000
Mann starkes fürstliches Heer unter ***Johann Rantzau*** und ***Hans von Ahlefeldt*** (dem Enkel des 1500 bei Hemmingstedt gefallenen Bannerträgers)
das Dithmarscher Bauernheer besiegte.

Zur 400-Jahr-Feier der Schlacht von 1500 wurde an der Dusenddüwelswarft in der Nähe des damaligen Schlachtfeldes ein **zentrales Landesdenkmal** errichtet.

Bereits rund 200 Meter weiter nördlich finde ich einen Pavillon mit aus-
führlichen Informationen und einer figürlichen Darstellung der Schlacht.

Da ich mich bereits seit mehreren Jahren intensiv mit der Landes- und
Regionalgeschichte Schleswig-Holsteins und der anderen norddeutschen
Bundesländer befasse, hatte ich bereits viel über diese Schlacht gelesen,
jedoch keine so detaillierten und anschaulichen Darstellungen gesehen.

Neben dem **Landesdenkmal** sehe ich ein Hinweisschild „Meldorf 5,6 km". Das bedeutet, dass wir jetzt – gegen 14:20 Uhr – zwei Drittel der heutigen Tagesdistanz einschließlich der Sehenswürdigkeiten hinter uns haben und uns noch knapp zwei Stunden bis zur ersten und günstigsten Zugverbindung nach Hause bleiben.

Kito ist weiterhin ohne Leine unterwegs, und zwar diesmal 6,6 Kilometer weit bis zum Ortseingang Meldorfs. Insgesamt läuft er an diesen drei Tagen rund 20 Kilometer frei herum! Ich bin mächtig stolz auf ihn. Vor allem seine unaufgeregte Art, alle für ihn interessanten Details an den Wegen zu erkunden und zugleich stets auf mich und meine Signale zu achten, ist Klasse.

Kurz vor dem Ortsschild **Meldorf**s fängt es an zu regnen. Zunächst sind es nur wenige Tropfen, die auf dem warmen Asphalt rasch wieder verdunsten und auch uns nicht wirklich stören. Aber je näher wir der **St.-Johannis-Kirche** – dem **Meldorfer Dom** – kommen, umso stärker regnet es, so dass wir heilfroh sind, als wir endlich die Kirche erreichen und ins Trockene fliehen können.

Die Kirche ist offen (sonntags von 14:00 bis 16:00 Uhr), und wir bekommen sogar Pilgerstempel! Da uns zu viele Menschen im Dom sind und wir eh knapp mit der Zeit sind, bleiben wir nicht lange hier, sondern brechen schneller als sonst üblich wieder auf.

Kito ist jederzeit für eine Verpflegungspause zu haben.

Meldorf, „Dom der Dithmarscher"

48

Zunächst schlagen wir die falsche Richtung ein und gehen die Marktstraße herunter bis zum Jungfernstieg. Doch dann fragen wir einen ortskundigen Fußgänger, der uns zurückschickt und uns den richtigen Weg weist. Wir überqueren den *Südermarkt* (den Platz südlich des Kirchenschiffs) gen Osten und folgen dann der als Fußgängerzone – unser Hinweisgeber nannte sie „Gehstraße" – ausgebauten Spreetstraße, deren Fortsetzung, die Zingelstraße, uns bis fast die die Bahngleise heranführt. Um Punkt 16 Uhr haben wir den Bahnhof erreicht – genau eine Viertelstunde vor der Abfahrt unseres Zugs.

Die Regionalbahn RB 62 nach Itzehoe ist pünktlich: Abfahrt in Meldorf um 16:15 Uhr und Ankunft in Itzehoe um 16:48 Uhr. Sechs Minuten später sitzen Kito und ich in der RB 61, die minimal verspätet um 17:58 Uhr in Hamburg Hbf einfährt.

Um den sogar zweifachen Schienenersatzverkehr zur Hasselbrookstraße und von dort weiter nach Barmbek zu vermeiden, nehmen wir die U 3 bis Barmbek und von dort die S 1 nach Hause. Beim Umsteigen zieht Kito es noch jeweils vor, auf meinem Arm zu sein und sich an mich zu kuscheln. Die langen Wege geht er aber dann selbst.

Um kurz vor 19 Uhr sind wir wieder zu Hause. Es war ein schönes und erlebnisreiches Wochenende. Kito und ich sind glücklich.

Tagesdistanz: 20,5 km

Gesamtdistanz: 66,8 km

Erkenntnis des Tages: Heute haben wir Dithmarscher Geschichte nacherlebt.

12. AUGUST 2022
MELDORF BIS ST. MICHAELISDONN
(TAG 4)

Die aktuelle Hitzewelle hält an, aber Kito und mir bleiben langsam, aber sicher bis zum Ende des 9-Euro-Tickets Ende August kaum noch Ausweichtermine für unsere noch ausstehenden, geplanten Pilgertage. Zumal auf dem Jacobusweg Lüneburger Heide noch zwei und auf dessen Zubringer von Lüneburg nach Wilsede noch eine dritte Tagesetappe ausstehen, die wir eigentlich längst gegangen sein wollten.

Zwölf Tage nach unserem Etappenende in Meldorf machen Kito und ich uns also am Freitag, dem 12. August 2022, wieder auf den Weg dorthin. Da erneut bis zu 31 °C – subjektiv wie 37 °C – angesagt sind überwinden wir uns und reisen ganz früh an, um noch möglichst viel kühlen Vormittag mitnehmen.

Kito während der Anreise im Zug

Christine nimmt uns um 6:10 Uhr mit ihrem Auto mit zum Hauptbahnhof. So sind Kito und ich schon um 6:40 Uhr am Hauptbahnhof. Ich kaufe noch Kitos 9-Euro-Ticket für den August, bevor wir zum Bahnsteig gehen. Unser Zug läuft um 6:53 Uhr ein und fährt pünktlich um 7:06 Uhr ab. Auch der Anschluss in Itzehoe klappt reibungslos, so dass wir um 8:48 Uhr in Meldorf ankommen.

Wir verlassen den Zug und stehen keine zehn Meter weiter bereits auf dem Dithmarscher Jakobsweg!

Noch liegt die Temperatur um 22-24 °C, was sich ganz angenehm anfühlt. Wir wollen aber auch keine Zeit verschwenden. Obwohl es sicher hier noch einiges zu schauen und zu entdecken gäbe, kehren wir Meldorf daher sogleich den Rücken. Über den Dröseweg, die Klaus-Groth-Straße und den Sieben-Brücken-Weg haben wir rasch den Stadtrand erreicht.

Die Landstraße hinaus in die freie Landschaft heißt weiterhin so wie der Pfad, über den wir zu ihr gelangen, nämlich Sieben-Brücken-Weg. Wir folgen dem nahezu schattenlosen Geh-/Radweg am linken Straßenrand aber nur 400 Meter lang. Dann biegt der Jakobsweg vor einem Rübenfeld leicht ansteigend in den Kirchsteigweg links ab.

Im Rübenfeld entdecke ich ein Reh. Es dauert einige Zeit, bis es uns entdeckt und dann langsam abzieht. Kito indessen ist zu sehr mit all den Sinneseindrücken in seiner Nähe ausgelastet und bemerkt das Reh gar nicht.

Ein paar Minuten später befreie ich ihn von seiner Leine. Er läuft weiter unseren Feldweg entlang bis zur nächsten Bank und wartet dort ab, ob er eventuell mit einem Leckerli rechnen kann. Diesmal gibt es jedoch keines.

Der Kirchsteinweg erreicht **Wolmersdorf**. Auf der rechten Straßenseite entdecke ich ein Haus mit einem Feldbahngleis und dazu passendem Wagen. Hier gibt es offenbar auch ein privates Museum zur *„Geschichte der ehemaligen Feldbahnen in Deutschland“*. Die Info-Telefonnummer dazu lautet 04832 / 97 95 33.

Unser Weg mündet halblinks in den Westerfeldweg und erreicht die Hauptstraße. Ein Wegweiser zeigt an: „Windbergen 4,3 km“.

Eine gelbe Übersichtstafel informiert uns, dass wir uns zugleich auch auf dem **Nord-Ostsee-Wanderweg,** betreut von der *Wanderbewegung Norddeutschland* in 2000 Hamburg 11, befinden. Dies ist offenkundig der heutige *Wanderverband Norddeutschland,* in dem ich seit Anfang dieses Jahres über die Wanderfreunde Stormarn Mitglied bin.

Kilometerübersicht des Nord-Ostsee-Wanderwegs

Wir folgen der Hauptstraße nach rechts und auch über das Ende der Bebauung hinaus. An der Weggabelung am Ostermoorgraben halten wir uns – wie ausgeschildert – halbrechts.

Hier in der freien, schattenlosen Ebene ist die zunehmende Mittagshitze unangenehm spürbar. Kito düst immer wieder vor bis zum nächsten Schatten am Wegrand und wartet dort auf mich. Auf diese Weise hat er zwar streckenmäßig genauso viel Sonne wie ich, zeitmäßig aber trotzdem sehr viel mehr Schatten als ich.

Als wir die **Süderau** auf einer Brücke überqueren, nutzt Kito sogleich eine flache Uferstelle am gegenüberliegenden Ufer, um aus der Süderau zu trinken. Das Wasser ist klar und sieht sauber aus, so dass ich ihn gewähren lasse.

Kito zwischen Wolmersdorf und der Süderau

Süderau

Süderau

Kito ist durstig und trinkt aus der Süderau.

Kurz darauf ist bereits **Windbergen** in Sichtweite. Wir erreichen den Ort über die Norderstraße und biegen an einem Sport- und Spielareal – und einem Gedenkstein *„Dem Andenken des Stifters Friedr. v. Levern dankbar gewidmet. 1931"* – nach links in die Westerstraße ein. 200 Meter später haben wir die **Kirche zum Heiligen Kreuz Windbergen** und das dazu gehörige Gemeindehaus erreicht.

Kirche in Windbergen

Das Gemeindehaus ist zugleich auch das **Pilgerzentrum** für den gesamten Dithmarscher Jakobsweg. Dies liegt auch daran, dass *Pilgerpastor Dr. Dietrich Stein*, Jahrgang 1948, von 1988 bis Oktober 2013, also ziemlich exakt bis zur Eröffnung dieses Jakobswegs, Seelsorger der Kirchengemeinden Barlt und Windbergen-Gudendorf war. Da er zugleich Vorsitzender des *Vereins für Dithmarscher Landeskunde (VDL)* war, lag es damals ziemlich nahe, dass er sich – als Pastor und Heimatforscher – auch *„an vorderster Front"* bei der Rekonstruktion dieses mittelalterlichen Pilgerwegs engagierte.

Pastor Steins Engagement wirkt hier vor Ort bis heute nach. So steht die Tür zum Gemeindehaus weit auf. Ein Schild verweist auf den im Flur ausliegenden Pilgerstempel, ein zweites auf das WC, das die Pilger mitnutzen können.

Ich stempele unsere Pilgerpässe und komme mit einer Frau in ein angeregtes Gespräch, bis Kito, den ich vor der Haustür im Schatten festgemacht habe, dazwischenfunkt. Ihm ist langweilig. Außerdem hat er Hunger und Durst und ist unsere Verpflegungspause eindeutig überfällig. Wo er Recht hat, hat er Recht!

Ich bedanke und verabschiede mich, nicht ohne diese gute und gastfreundliche Infrastruktur hier vor Ort lobend hervorzuheben. Dann gehen Kito und ich zur Kirche nebenan und betreten dieses schöne, friedliche und kühle Gotteshaus.

Eine erste steinerne Kirche wurde hier im Frühjahr 1495 auf einem Acker erbaut, auf dem man kurz zuvor eine Messingfigur des gekreuzigten Jesus gefunden hatte. Eine entsprechende Urkunde darüber vom 7. Mai 1495 ist im Hamburger Staatsarchiv erhalten. Diese Kirche entwickelte sich rasch zum Wallfahrtsort, der bis zur Reformation 1533 sehr populär war. Die alte Kirche wurde 1742 durch einen größeren Neubau an gleicher Stelle ersetzt.

Messingkreuz aus dem 11./12. Jahrhundert in der Kirche in Windbergen

Der **Kanzelaltar** entstand, der damaligen lutherischen Mode entsprechend, um 1740, wobei der Altar des Heider Bildschnitzers Jürgen Heidtmann d. J. mit dem Abendmahlbild bereits um 1650 im Knorpelbarockstil geschaffen wurde.

Das schlichte, aber gleichwohl eindrucksvolle **Messingkreuz aus dem 11./12. Jahrhundert** steht – durch einen Plexiglasblock geschützt – auf der Kanzelbrüstung.

Nach der Kirchenbesichtigung lassen Kito und ich uns draußen neben der Kirchentür auf einer Bank nieder. Diese Frühstückspause haben wir uns verdient. Immerhin ist es bereits kurz nach elf Uhr!

Beim Weitergehen biegen wir nach rechts in die Ringstraße ab und 160 Meter später erneut nach rechts in die Bahnhofstraße, die wir nach nur 130 Metern nach links in den Gudendorfer Landweg verlassen. Gleich zu Beginn dieses Landwegs passieren wir an unserer rechten Seite große Scheunen mit riesigen Getreidebergen daneben. Mehrere Schaufellader sind damit beschäftigt, die immer wieder aufs Neue angelieferten Getreidemengen in die Scheune umzuladen.

Der Gudendorfer Landweg ist hübsch schattig, was Kito und mir sogleich sehr gefällt.

Am Ortsrand passieren wir – wiederum zu unserer Rechten – einen Sportkomplex, dessen Sporthalle bei entsprechend rechtzeitiger Anmeldung im Pilgerzentrum als Pilgerunterkunft genutzt werden kann.

Ein Wegzeichen mit gelbem Tau auf blauem Grund weist den Abzweig zum vier Kilometer langen **Franziskusweg,** den wir jedoch der Wärme wegen nicht zusätzlich auf unserem Tagesplan haben.

Nach 2,2 Kilometern auf dem Gudendorfer Landweg erreichen wir eine T-Kreuzung. Wir nehmen den Abzweig nach rechts in die Osterstraße, die uns zum 500 Meter entfernten Ortskern bringt.

Gudendorf ist auf unserem Jakobsweg keine relevante Station. Wir biegen kurz nach links in die Hauptstraße und nehmen die zweite Straße rechts, die Vierthstraße, auf der wir den Ort rasch wieder verlassen haben.

Im nachfolgenden Wald treffen wir zunächst ein *DENK MAL / FÜHL MAL*, das aus einem Schulprojekt heraus entstanden ist, und gelangen dann zur zentralen **Gedenkstätte für sowjetische Kriegsgefangene in**

Schleswig-Holstein, die auf dem ehemaligen Barackenkomplex für zunächst französische, später sowjetische Kriegsgefangene entstand.

Die Gedenkstätte liegt ein paar Meter abseits unseres Wegs, aber diesen kurzen Abstecher ist sie mir wert.

Der nachfolgende breite und gut zwei Kilometer schnur-geradeaus führende Waldweg erinnert mich ein wenig an den Abschnitt des *Jacobuswegs Lüneburger Heide* zwischen der Töps Heide und Undeloh, den Kito und ich erst vor kurzem gegangen sind. Auch dort war es heiß und – weil der Weg genau in Richtung auf die Sonne verlief – schattenlos.

Die alten Muschelzeichen sind extrem verwittert, aber die neuen Zeichen sind leicht und gut zu finden und weisen uns sehr gut unseren Weg. Auch die Wegzeichen des Nord-Ostsee-Wegs mit einem weißen Andreaskreuz auf schwarzem Grund begleiten uns weiterhin.

An einem Fischteich rechts sehen wir einen „barrierefreien Angelplatz": einen breiten Holzsteg mit Geländer, dessen mittlerer Platz für einen Angler im Rollstuhl konzipiert ist.

58

Ein paar Meter weiter findet Kito an der Längsseite des Teiches eine hübsche Bank im Schatten. Sie ist perfekt für unsere zweite Verpflegungspause.

Waldweg vor St. Michaelisdonn

170 Meter später haben wir **St. Michaelisdonn** erreicht. Die Wegbeschreibung im Pilgerführer – nach links in die Zuckerstraße, nach 120 Metern rechts in Westdorf, nach 290 Metern rechts in die Meldorfer Straße, nach 170 Metern in die Burger Straße und nach knapp 60 Metern links in die Straße Am Sportplatz – ist leicht zu finden.

Es ist inzwischen deutlich über 30 °C im Schatten, in der Sonne über 35 °C. Der Asphalt unter Kitos Pfoten dürfte in der Sonne über 50 °C haben. Jedenfalls ist Kito hier extrem auf jeden schattigen Abschnitt fokussiert.

Wir gönnen uns bei einer Bäckerei eine Schattenpause. Hier bekomme ich auch eine Puddingschnecke, die wir uns teilen, Pilgerstempel und vor allem frisches, kaltes Wasser für Kitos Flasche.

Mitten in dieser Pause ruft Christine an. Sie möchte „die Gunst der Stunde" nutzen, um mit Kito und mir ans Meer, also an die Nordsee, zu fahren. Wir verabreden uns an der St.-Michaelis-Kirche.

Windmühle „Edda"

Die Straße Am Sportplatz bringt uns wieder aus der Wohnbebauung heraus und zur **Windmühle „Edda"**, dem Wahrzeichen St. Michaelisdonns. Außerhalb des Orts pilgert Kito wieder ohne Leine und kann sich daher selbst die besten Schattenpartien aussuchen.

Von der auf dem Geestrücken stehenden Mühle geht es auf unbefestigtem Fahrweg sachte bergab in Richtung Bahnlinie und Stadtzentrum.

Kurz hinter der Bahntrasse treffen wir auf den Anfang der alten Dithmarscher Marschenbahn. Deren rund neun Kilometer lange Trasse bis nach Marne kann man von hier per Fahrraddraisine erkunden.

Wir folgen der Poststraße hinunter bis zum Markt und biegen dort nach links in die Westerstraße ab, die uns zur **St.-Michaelis-Kirche** bringt. Diese ist unser eigentlicher heutiger Zielpunkt.

Da es auch in dieser Kirche „natürlich" keinen Pilgerstempel gibt und ich keine Lust habe, im gegenüber liegenden Pflegeheim nach einem Stempel zu fragen, gehe ich mit Kito in Richtung Stadtzentrum. Laut Pilgerführer hat auch die Tourist-Information am Bahnhof heute am Freitag bis 17:00 Uhr geöffnet. Aber dies erweist sich als Falschinformation. Tatsächlich war sie heute nur von 8:30 bis 13:00 Uhr offen.

60

St.-Michaelis-Kirche

Ich rufe Christine an und informiere sie, dass wir jetzt am Bahnhof und nicht mehr an der Kirche sind. Knapp zehn Minuten später ist sie bei uns.

Wir kehren noch kurz bei einer Bäckerei mit Eiscafé ein und fahren dann gemeinsam weiter nach Friedrichskoog…

Tagesdistanz: 17,5 km

Gesamtdistanz: 84,3 km

Erkenntnis des Tages: Heute war es definitiv zu heiß für eine längere Tagesdistanz.

16. AUGUST 2022
ST. MICHAELISDONN BIS
BRUNSBÜTTEL (TAG 5.1)

Heute sind Kito und ich endlich wieder auf Pilgerreise in Dithmarschen. Am gestrigen Montag war ich einfach zu ausgelaugt nach einer 46-Kilometer-Wanderung durch die heiße, aber wunderschöne Lüneburger Heide zwischen Amelinghausen und Schneverdingen. Außerdem war es erneut zu heiß für uns. Nach den kräftigen Regengüssen in der zweiten Nachthälfte zu heute hat sich die Luft jedoch auf angenehme 22 °C abgekühlt. Allerdings ist stattdessen die Luftfeuchtigkeit spürbar höher, was sich entsprechend schwüler anfühlt. Nachdem sich die Wolkendecke dann gegen Mittag aufgelöst hat, steigen die Temperaturen auf 28 °C (subjektiv wie 33 °C) ab, ehe es dann bei erneuter Bewölkung wieder gering abkühlt.

Kito und ich reisen mit der S 1 ab Poppenbüttel um 7:09 Uhr an. Da wir rechtzeitig zu Hause aufbrechen, kann Kito unterwegs noch seine Routinegeschäfte erledigen und ich bei REWE frische Brötchen und Teewurst kaufen.

Als wir gerade eben in der S 1 Platz genommen haben, bemerke ich, dass ich – **zum aller ersten Mal überhaupt beim Pilgern!** – ohne Kamera unterwegs bin! Sie jetzt noch von zu Hause zu holen, würde bedeuten, dass wir genau eine Stunde später in St. Michaelisdonn ankämen. Das ist es mir jedoch in diesem Moment nicht wert, und so gehen wir diesen Tag wirklich ohne Fotos. (Die Fotos in diesem Tagesbericht entstanden sechs Tage später.)

Am Bahnhof **St. Michaelisdonn** bekommen wir in der Tourist-Information unsere Pilgerstempel und gehen dann – zunächst parallel zur Bahn, dann von ihr weg – über den Schwarzen Weg und die Poststraße zum Markt und zur **St. Michaelis-Kirche**. Kito will sogleich wieder hinein. Vielleicht hat er noch die angenehm kühlen Bodenfliesen in Erinnerung.

Aber diesmal gehen wir nur an der Kirche vorbei und biegen hinter ihr in die Schulstraße ein, die uns via Oesterstraße und Kayenweg erneut bis an die Bahntrasse heranführt. In der Hesterbergstraße gehen wir zunächst den unbefestigten parallelen Wirtschaftsweg, wechseln nach etwa 550 Metern aber (auf Höhe des Wendekreises) zur Asphaltstraße. 200 Meter später biegen beide Wegvarianten eh gemeinsam nach links ins Tal der **Friedrichshofer Au** ab.

Friedrichshofer Au

Wir queren auf dem Moorweg das Tal und die Au, wenden uns am Waldrand halblinks und beginnen den Aufstieg auf den **Klev**, wie der vor uns liegende Rand zwischen Marsch und Geestrücken genannt wird. Der Name *Klev(e)* leitet sich von Kliff ab und weist darauf hin, dass sich hier einst die Nordseeküste befand und sich– ähnlich wie bei Kampen auf Sylt – ein solches Kliff gebildet hatte. Heute ist der Klev, von dem man bei gutem Wetter eine herrliche Aussicht ins Vorland genießen kann, ein Natur- schutz- und FFH-Gebiet.

Kito weist mich selbständig auf die nächste Sehenswürdigkeit hin: Der **Bismarckstein** stammt aus Schweden und kam während der Eiszeit nach Dithmarschen. Er wiegt rund 2,5 Tonnen und wurde während des Baus des Kaiser-Wilhelm-Kanals, des heutigen Nord-Ostsee-Kanals, gefunden. Da es nicht gelang, ihn zu zerkleinern, brachte man ihn in Gänze per Schiff,

Bahn und zuletzt mit Seilwinden an seinen heutigen Standort und wid-
mete ihn dem „Eisernen Kanzler".

Kito auf dem Klev, kurz vor dem Bismarckstein

Der Weg hier oben zeigt deutliche Spuren eines kürzlichen Starkregens.
Aber er ist prima und – zwischen Wald und einem kleinen Sportflugplatz
– auch sehr gut zu gehen. Die Luft ist fein und angenehm kühl. Wir beide
genießen den stillen Morgen und den Jakobsweg.

Vom immerhin 33 Meter hohen **Spiekerberg** aus haben wir eine wunderschöne Panoramaaussicht auf die Marschlandschaft. Wir passieren den
Campingplatz Hohencamp zu unserer Rechten und den Sportflugplatz zur
Linken und beginnen über deren gemeinsame asphaltierte Zufahrtsstraße,
die Friedrichshofer Straße) den Abstieg zurück in die ebene Landschaft.

Die Jakobswegmarkierungen mit dem Muschelzeichen sind ab etwa St.
Michaelisdonn bis Brunsbüttel erfreulich gut. Innerhalb Brunsbüttels gibt
es dann jedoch kaum noch Wegzeichen.
Wir überqueren die Friedrichshofer Au ein zweites Mal und steuern auf
den kleinen Ort **Dingersoll** zu, wo wir uns an einer Bank eine Trinkpause
genehmigen. Heute müssen wir beide reichlich trinken!

64

Muss man Hunde in diesem Nebenweg an der Leine führen? Oder ist, wie das Emblem suggeriert, genau das verboten?

Die relativ verkehrsarme Hauptstraße zieht sich hin, und wir sind bereits auf Eddelaker Gemeindegebiet, als wir nach rechts in die Schulstraße abbiegen. Am Wendehammer geht unser Jakobsweg als Fußweg an der Kampschule Eddelak vorbei zum Kampweg, einer reinen Anwohnerstraße, an deren Ende wir die Straße **Theeberg** und den dortigen Nahkauf erreichen.

In letzterem kaufe ich einen Apfel-Zimt-Krapfen und ein Sechserpack Würstchen sowie etwas Getränkenachschub, wobei wir den Krapfen sogleich in der kleinen Grünanlage nebenan verzehren.

Die Straße Theeberg heißt nun Bahnhofstraße, ist 1,4 Kilometer lang und bringt uns zur **St.-Marien-Kirche** in **Eddelak**.

Das dazugehörige Gemeindebüro gegenüber ist erst in gut 2 ½ Stunden geöffnet, aber die Kirche ist offen. Sie wurde 1740 als Saalkirche am Standort eines mittelalterlichen Vorgängerbaus errichtet und ist jetzt – nach den Kirchen in Meldorf, Windbergen und in St. Michaelisdonn – die vierte Kirche ohne diese bogenförmige Öffnung zwischen Altarraum und

Kirchenraum, die mir zuvor bei den Dithmarscher Kirchen so aufgefallen ist. Offenbar ist diese Eigenart auf Norddithmarschen beschränkt.

Eddelak wirkt auf uns an diesem Dienstagmittag wie ausgestorben, und bis auf die etwas abseits der Route liegende Tankstelle sehe ich keine Option, hier in diesem Ort einen Pilgerstempel zu bekommen. Na gut, dann eben nicht…

Über die Süderstraße gelangen wir zur relativ viel befahrenen Behmhusener Straße, der wir nun – zunächst mit, dann ohne Gehweg – einen Kilometer folgen. Als wir sie endlich auf den ruhigen Wirtschaftsweg Süderbehmhusen verlassen, finden wir mit der Stahl- und Maschinenbaufirma Wrede sogar eine Stempelstelle! Die Büromitarbeiter sind sehr nett und stempeln unsere Pilgerpässe bereitwillig.

Kurz darauf kann auch Kito für heute zum zweiten Mal wieder ohne Leine weiterpilgern. Alles in allem wird er heute 7 von 23 Kilometern „offline" herumtollen können.

1200 Meter später erreichen wir den **Helser Fleth**, einen Wasserlauf, und neben ihm den Behmhuser Weg. Beide führen uns nun 1,4 Kilometer lang durch die Mittagshitze. Den Himmel ist erneut wolkenlos, und die Sonne gibt ihr Bestes, um uns zu grillen. Kito ist anfangs auch ohne Leine brav, wird dann jedoch immer kecker. Immer wieder biegt er auf eigene Faust seitlich ab – einmal muss er ein paar Hundert Meter auf seiner eigenen Fährte zurücklaufen, um zu mir zu kommen, da er den Wassergraben zwischen uns nicht überqueren kann. Aber er hat jede Menge Spaß, kommt bei Autos und Radfahrern stets zügig zu mir zurück. Irgendwann macht er sich jedoch immer selbständiger, sucht sich eigenständig Schattenplätze auch außerhalb meiner Sichtzone. Immerhin stört er sich dabei, im Schatten liegend, nicht an den zahlreichen Fahrradfahrern. Während er diese sonst oft anbellt oder zu vertreiben versucht, stören sie ihn aktuell kein bisschen mehr. Irgendwann wird es mir jedoch zu bunt, und so nehme ich ihn im Bereich der B 5-Überquerung wieder an die Leine.

Inzwischen haben wir die ersten Häuser **Brunsbüttels** erreicht und gelangen bald über die Straßen Bauernweg und Westerbütteler Straße wieder zum Helser Fleth, der hier in die **Braake** mündet, der wir nun an ihrem rechten Ufer und hübsch im Schatten bis zum Freizeitbad Brunsbüttel folgen.

Über Koogstraße, Röntgenstraße, von-Humboldt-Platz, einen namenlo-
sen Radweg, Am Sportplatz, Bredenweg, dann Am Boßelkamp und Süderstraße gelangen wir zum Markt und damit zum alten Ortskern Brunsbüttels. Hier steht die **Jakobuskirche**, unser heutiges Tagesziel.

Das ursprüngliche etwa um das Jahr 1200 entstandene Brunsbüttel lag
noch ein wenig weiter außerhalb des heutigen Orts. Es hatte sich zu einem
bedeutenden Hafen- und Handelsort der alten Bauernrepublik Dithmarschen entwickelt mit stattlichen Straßen, Häusern, Marktplatz und Kirche.
Die Stadt lebte von Schifffahrt und Fischfang und bei passender Gelegenheit auch von Strandräuberei, wie alte Urkunden im Hamburger Staatsarchiv belegen.

1674 aber sahen sich die Bewohner nach immer neuen Deichbrüchen
gezwungen, die gesamte bisherige Ortslage den Fluten zu überlassen und
alles planmäßig auf den neuen jetzigen Standort umzusiedeln. Als erstes
wurde 1678 der neue Begräbnisplatz eingerichtet, auf dem man die neue,
heutige Jakobuskirche erbaute. Markt, Straßen und Häuser folgten und
wurden nach dem Muster Alt-Brunsbüttels errichtet, das seinerseits nach
und nach spurlos in der Nordsee verschwand.

Die „neue" Jakobuskirche von 1678 wurde mit den Kunstwerken der
alten Jakobuskirche ausgestattet. Diese alte Inneneinrichtung der Kirche
ist jedoch nicht mehr erhalten: Ein Blitzeinschlag während der Predigt des
Ostergottesdiensts 1719 löste einen Brand aus, bei dem die Kirche bis auf
die kahlen Mauern abbrannte.

Danach entstand die heutige Kirche mit Tonnengewölbe und Dachrei-
ter. Den Altar stiftete dabei König Frederik IV. Die Dänenkönige waren ja
seit der „Letzten Fehde" 1559 Landesherren in Dithmarschen. Er stiftete
den bereits 1650 für die Schlosskirche in Glückstadt angefertigten prunk-
vollen **Barockaltar**. Im Gegenzug bedankte sich die Gemeinde mit einem
speziell dem König vorbehaltenen „Königstuhl" neben der Orgel, den der
König gleichwohl nie nutzte.

Kitos Interesse an der Jakobuskirche ist eher praktischer Natur: Er liebt
die Kühle im Kirchenraum und genießt sie sehr. Mich dagegen beeindru-
cken der Altar, die geschnitzte **Kanzel** mit der Darstellung der zwölf
Apostel und das **Boie-Epitaph von 1590**.

Die **Orgel von 1869** wird gerade bespielt, als wir eintreten. Das mag Kito genauso wie ich. Er bellt erst, als der Organist fertig ist und hinter der Orgel hervortritt.

Da es in der Jakobuskirche keinen Pilgerstempel gibt, versuchen wir unser Glück auf Empfehlung des Organisten im Pastorat (Markt 22). Das ist jedoch geschlossen, so dass niemand öffnet. Im Hotel Zur Traube (Markt 9) werde ich sehr nett begrüßt und erhalte sofort die erbetenen Stempel.

Da wir bis zur Abfahrt des nächsten Expressbusses X60 zwischen Jakobuskirche und Hotel um 16:39 Uhr noch rund 35 Minuten Zeit haben, beschließe ich, gemeinsam mit Kito zum 1,6 Kilometer entfernten ZOB zu gehen, wo derselbe Bus um 16:44 Uhr abfährt, und unterwegs nach einer Einkaufsmöglichkeit für Getränke zu schauen. Letztere wäre der LIDL etwa 400 Meter weiter, aber der ist zu voll und für den reicht unsere Zeit nicht mehr. (Die wesentlich näher gelegene ARAL-Tankstelle und den US-Fastfood-Tempel entdecke ich erst zu Hause bei Google Maps.)

Unser Bus bringt uns pünktlich um Bahnhof Itzehoe. Hier kaufen wir eine schön kühle Flasche Wasser, von dem auch Kito einiges abbekommt, und fahren entspannt mit RB 61 (bis Hamburg Hbf), U 3 (bis Berliner Tor) und S1 heim.

Um 19:35 Uhr sind wir auf dem finalen Fußweg nach Hause.

Tagesdistanz: 23 km (inkl. An- und Abreise sowie der Distanz innerhalb Brunsbüttels)

Gesamtdistanz: 107,3 km

Erkenntnis des Tages: Heute war mein aller erster Pilgertag überhaupt, an dem ich keine Kamera mitführte und von dem es demzufolge keine Fotoerinnerungen gibt. Und dabei war diese Etappe so schön. Ich „fürchte", wir müssen diese Etappe nochmals gehen...

22. AUGUST 2022
ST. MICHAELISDONN BIS BRUNSBÜTTEL (TAG 5.2)

Nachdem ich am Wochenende meine Schlussplanung für diesen Jakobsweg und die ja auch noch ausstehenden letzten beiden Etappen in der Lüneburger Heide mit Christine abgestimmt habe (Kito macht ja eh alles mit, was wir unternehmen), nehmen Kito und ich nun die Wiederholung unserer fünften Etappe von St. Michaelisdonn nach Brunsbüttel in Angriff. Diesmal jedoch nehme ich die Kamera mit.

Die S-Bahn-Abfahrten ab Poppenbüttel um 7:29 und 7:49 Uhr vertrödeln wir erfolgreich und nehmen erst die S 1 um 9:29 Uhr. Nach Umsteigen in Hamburg Hbf in die RB 61 um 10:06 Uhr und in Itzehoe in die RB 62 um 11:11 Uhr erreichen wir **St. Michaelisdonn** um 11:35 Uhr.

Wir pilgern sofort los, gehen erneut den Schwarzen Weg und die Poststraße, biegen am Markt in die Westerstraße und gehen hinter der St.-Michaelis-Kirche nach links in die Schulstraße. Auf der Oesterstraße kreuzen wir die Schienen der einstigen Draisinenbahn, biegen links in den Kayenweg und verlassen dort die geschlossene Wohnbebauung St. Michaelisdonns.

Hier lasse ich Kito fast an derselben Stelle wie vor sechs Tagen von seiner Leine. Er ist – wie zu erwarten war – happy und tobt vor mir herum, kommt aber stets zuverlässig, sobald ich ihn – wegen eines Fahrrades oder Autos – zurückrufe.

Am Heisterbergweg wählen wir erneut den unbefestigten Parallelweg statt der kleinen Asphaltstraße und biegen von dort in den Moorweg in Richtung **Klev** ab.

Kito ist ja heute „ortskundig" und zeigt mir daher rechtzeitig und treffsicher unsere Abzweige an, lässt sich aber, wenn ich einmal eine kleine Variante vorziehe, gerne und problemlos umstimmen. Der kleine 4-Pfoten-Pilger ist wirklich mein perfekter Begleiter und Mitpilger! Ohne ihn würde mir das Pilgern vermutlich nicht einmal halb so viel Freude und

Genuss bereiten, und ich kann mir – ehrlich gesagt – derzeit keinen Pilgerweg und keine Pilgerreise ohne den lieben, kleinen Kerl vorstellen!

Nachdem wir den Klev erklommen haben, legen wir am **Bismarckstein** eine erste kurze Rast ein. Unsere 21 °C beim Start fühlten sich laut wetter.de bereits wie 28 °C an, und über den frühen Nachmittag hinweg soll es noch ein paar Grad wärmer werden. Also wollen und müssen wir von Beginn an genügend trinken.

Bismarckstein

Wir folgen dem immer schmaler werdenden Scheitelweg auf dem Klev bis zum Aussichtspunkt auf dem **Spiekerberg,** von dem aus ich zahlreiche Fotos hinunter in die Marschen mache.

Als wir wenig später den **Campingplatz Hohenkamp** umrunden sehe ich, dass der Tower des **Hopener Flugplatz**es hier oben auf dem Klev heute besetzt ist. Auch das Clubheim des Dithmarscher Luftsportvereins ist heute recht belebt.

Wir passieren noch einen Hochbehälter des Wasserverbandes rechts des Weges, der mir neulich gar nicht aufgefallen war, und steigen wieder hinab ins Marschland.

Aussicht vom Spiekerberg

Kito tobt an genau denselben Stellen – mal links, mal rechts – herum wie vor sechs Tagen und dupliziert unseren Pilgertag ohne Kamera bei seiner heutigen Wiederholung, wo und wie er nur kann. Lediglich unseren Pausenplatz in **Dingerdonn** ignorieren bzw. verpassen wir heute. Dafür entdecke ich direkt neben dem Weg einen schönen Gingkobaum.

Die **Kampschule Eddelak** ist auch nicht mehr so verlassen wie neulich. Heute stehen die Eingangstüren offen, und einige Schüler, die offensichtlich auf den Heimweg waren, haben wir auch bereits getroffen.

Die Bauarbeiten im Kampweg, der uns anschließend zum Theeberg bringt, sind inzwischen fast abgeschlossen und der neue Gehweg auf der rechten Straßenseite so gut wie fertig.

Im Nahkauf **Theeberg** gehe ich dagegen – ganz wie vor sechs Tagen – kurz einkaufen. Diesmal kaufe ich allerdings keine Würstchen (die haben wir nämlich bereits im Rucksack), sondern stattdessen zwei Apfel-Zimt-Krapfen, die wir am selben Tisch in der benachbarten Parkanlage verspeisen. Und auch in der dortigen Bücherkiste werde ich wieder fündig.

Auf dem Weg nach **Eddelak** genießt Kito wieder dieselben schattigen und somit kühlen Vorgartenrasen, in denen er sich bereits vor einer Woche ausgiebig und mit Freude herumwälzte.

Kito hat Spaß.

Eddelak, St.-Marien-Kirche

Auch ein als Sperrmüll herausgestelltes rotes Sofa muss zum ausgebigen Wälzen herhalten. An der OIL-Tankstelle auf der rechten Straßenseite holen wir uns einen Pilgerstempel.

Die **St.-Marien-Kirche** ist wieder offen, und so treten wir erneut ein und ich kann das sehenswerte Interieur mit dem prächtigen **Kanzelaltar** von 1740, dem **Taufbecken** mit seinen drei Löwenfüßen aus dem 13. Jahrhundert und das **Drape-Epitaph** von 1619, gestiftet vom ersten evangelischen Pastor hier, Heinrich Drape, nicht nur betrachten, sondern auch fotografieren. Kito genießt derweilen die Kühle und die Stille in der Kirche.

Diesmal machen wir, bevor wir Eddelak verlassen, noch einen kurzen Abstecher zur **Windmühle „Gott mit uns"**, einer Zwickstell- bzw. Galerieholländer-Windmühle aus dem Jahr 1865. Sie wurde nach einem Sturmschaden 1976 stillgelegt, wird aber weiterhin gepflegt und dient als Außenstelle des Standesamts Eddelak-St. Michaelisdonn für Trauungen.

Wir gehen erneut die Behmhusener Straße, biegen wiederum bei der Stahl- und Maschinenbaufirma Wrede links ab. Kurz darauf kann auch Kito für heute zum zweiten Mal ohne Leine weiterpilgern. Da ich ihn heute erst an der Braake, also innerhalb Brunsbüttels, wieder anleine, darf er heute fast 8 ½ von 23 Kilometern frei herumtollen.

Als wir dem Behmhuser Weg parallel zum **Helser Fleth** folgen, tobt Kito diesmal jedoch nicht wieder so übermütig und so weit voraus wie vor sechs Tagen. Vielmehr folgt er, wenn wir Autos oder Fahrräder treffen, beim Kommando *„schön hier"* brav links *„bei Fuß"*.

Ansonsten hat er entdeckt, dass er im breiten Grasstreifen beidseits unseres Wegs jede Menge Kleintiere gibt, die er zu jagen versucht. Da es bei Versuchen bleibt und er keine erwischt, weiß ich nicht, ob er hinter Heuschrecken, Mäusen oder anderem Getier her ist.

Da wir deutlich mehr kurze Trinkpausen einlegen, kommen wir mit der heutigen Wärme, der Sonne und dem längst wieder wolkenlosen Himmel besser zurecht und sind so auch etwas fixer unterwegs als neulich, ohne dass wir es wirklich darauf anlegen. Vielleicht spielt auch unsere Ortskenntnis hier eine Rolle, und wir teilen uns diesen Weg einfach besser ein.

In **Brunsbüttel** folgen wir wieder dem schattigen Weg entlang der **Braake** und gehen dann denselben Weg von der Koogstraße bis zur **Jakobuskirche**, unserem heutigen Tagesziel.

Kito erkundet den Straßenrand nach jagdbarem Kleingetier.

Altar der Jakobuskirche Brunsbüttel

Jakobuskirche Brunsbüttel

76

Hier haben wir doppeltes Glück: Zum einen ist die Kirche wieder geöffnet, und so kann ich auch hier die kostbare Innenausstattung, vor allem den imposanten Altar, ausgiebig fotografieren. Zum anderen sind wir so zeitig, dass wir vom Eintreffen an der Kirche bis zur Abfahrt unseres Busses fast 40 Minuten Zeit haben, also keinerlei Hektik aufkommt.

Als wir wegen eines eventuellen Pilgerstempels zum Pastorat gehen, treffen wir den Pastor, der gerade im Pastorat den Kirchenschlüssel holt und die Kirche abschließen will. Er erklärt uns, dass es – mangels Nachfrage – hier keinen Pilgerstempel gibt. Ich frage mich, woher er das wohl wissen will, wenn Pastorat und Kirchenbüro eh meist geschlossen sind. Im Gästebuch der Kirche würde wohl niemand den fehlenden Pilgerstempel anmahnen. Ich sollte einmal den Gemeinderat anmailen. Vielleicht gibt es dann einen solchen Pilgerstempel oder wenigstens eine Box mit gestempelten Aufklebern für die Jakobspilger.

Die Wartezeit bis zur Busabfahrt um 17:39 Uhr – nur eine Stunde später als vor sechs Tagen, obgleich wir heute zwei Stunden später in St. Michaelis gestartet sind – verbringen Kito und ich im Schatten und mit dem Verzehr unseres letzten Teewurstbrötchens.

Jakobuskirche Brunsbüttel

78

Diesmal beachte ich den Verlauf der Busstrecke innerhalb Brunsbüttels genauer. Auf freier Strecke schlafe ich ein wenig, während Kito so diskret auf mich aufpasst, dass vier ältere Damen völlig überrascht sind, als sie ihn kurz vor unserem Umsteigen erstmals wahrnehmen. Beim Aussteigen selbst will Kito wieder einmal auf meinen Arm, wobei er dies inzwischen wohl mehr aus Gewohnheit und zum Kuscheln will denn aus Angst oder Unsicherheit.

Von Itzehoe nach Altona nehmen wir diesmal den RE 6, der zwischendurch nur einmal in Elmshorn hält. In Altona erwischen wir einen Zug der S 11, der sofort abfährt und auch direkt nach Poppenbüttel durchfahren soll. Eine solchen Durchsage gibt es bis Ohlsdorf sicher fast zwei Dutzendmal, bevor dann – direkt im Anschluss an diese Ansage, alle Wagen dieses Zugs führen nach Poppenbüttel, eine Ansage kommt, dass alle Wagen aus betrieblichen Gründen zum Flughafen fahren! Das beschert uns eine Viertelstunde Wartezeit.

Erst gegen 19:45 Uhr sind wir wieder daheim bei Christine.

Tagesdistanz: 23 km (inkl. An- und Abreise sowie der Distanz innerhalb Brunsbüttels)

Gesamtdistanz: 107,3 km (mit der doppelten Etappe 5: 130,7 km)

Erkenntnis des Tages: Zweimal binnen sechs Tagen dieselbe Jakobsweg-Etappe zu gehen, kann durchaus kurzweilig und schön sein. Auf jeden Fall habe ich jetzt auch von hier sehr viele schöne Foto-Erinnerungen.

23. AUGUST 2022
BRUNSBÜTTEL BIS STÖR-SPERRWERK UND AUF DER VIA JUTLANDICA WEITER BIS GLÜCKSTADT (TAG 6)

Heute brechen wir zur Abwechslung wieder einmal sehr früh auf und nehmen gemeinsam mit Christine die S 1 ab Poppenbüttel um 7:49 Uhr. Das hat vor allem drei Gründe: Erstens haben wir heute deutlich mehr, nämlich rund 30 Kilometer, „auf dem Zettel", und zweitens soll es heute noch etwas wärmer als gestern werden. Und drittens verspricht die Wegführung am flussseitigen Fuß des Elbdeichs so gut wie keinen Schatten. Na ja, und viertens dauert die Anreise mit der S 1 bis Altona, dem RE 6 bis Itzehoe und dem Expressbus 6600 (X60) bis Brunsbüttel ja auch fast 2 ½ Stunden…

Um 11:10 Uhr sind wir jedenfalls in **Brunsbüttel** am Start unserer heutige Pilgeretappe. Dazu haben wir uns die Haltestelle **Braake** ausgesucht. Hier sind wir ja bereits zweimal vor dem Abstecher zur Jakobskirche vorbei gepilgert.

Als erster Tagesordnungspunkt steht nun ein Supermarkt oder ersatzweise eine Bäckerei an. Wir brauchen unbedingt Tagesverpflegung, da wir unterwegs nur durch zwei Orte mit jeweils einem kleinen Supermarkt kommen werden.

Bereits nach wenigen Metern entdecken wir einen kleinen Wochenmarkt und dort auch prompt einen Bäckereistand, an dem ich für zwei Euro fünf „Laugenkastanien" (kleine Laugenbrötchen) und eine Schrippe bekomme.

Der Dithmarscher Jakobsweg ist natürlich wieder einmal schlecht bis gar nicht markiert. Jedenfalls entdecke ich hier im Ortszentrum keinerlei Muschel-Wegzeichen. Wir ignorieren daher guten Gewissens den Abzweig in die Bojestraße, sondern folgen weiterhin der Koogstraße, um zu den **Brunsbütteler Kanalschleusen** zu gelangen.

Hier erklimmen wir die elbseitige Aussichtsplattform auf der Südseite und beobachten, wie gerade zwei Schiffe in die direkt vor uns liegende

Schleuse einfahren. Neben uns stehen zwei Schweizer, die offenbar ziemlich beeindruckt sind. Als ich sie mit den Worten „So etwas hat es in der Schweiz ja nicht!" anspreche, meint der eine neben mir nur ganz trocken: „Nein, wir haben nur ein paar kleine Bötchen."

Von der Promenade an der Kanalschleuse bis zum Anleger der **Kanalfähre** sind es nur gute 500 Meter. Die Wartezeit bis zum Eintreffen der Fähre nutzt Kito „geschäftlich", glücklicherweise direkt neben einem städtischen Abfallkorb.

Kanalschleuse Brunsbüttel

Brunsbüttel südlich des Kanals ist eindeutig nicht die Vorzeigeseite der Stadt. Dies betrifft sowohl die Läden, Gaststätten, Hotellerie als auch den Wohnsektor. Ausnehmen möchte ich davor jedoch die Bäckerei Jacobsen, in der ich uns eine Streuselschnecke und ein Eis mit je einer Kugel Limette und Cookies kaufe. Sowohl das Eis als auch das Teilchen überleben nur kurz und schmecken Kito und mir bestens.

Der Dithmarscher Jakobsweg ist natürlich – von einem Muschelzeichen am südlichen Fähranleger abgesehen – weiterhin nicht markiert. Die Wegeauswahl ist jedoch eindeutig: Es gibt nur diese eine Straße, die

Fährstraße, die uns zügig aus Brunsbüttels Bebauung und durch ein Industriegebiet hinaus in die Elbmarsch bringt. Unser Jakobsweg folgt dieser einzigen Straße – zunächst links, dann rechts – als Geh- und Radweg. Immerhin ist diese Straße als Allee angelegt, was uns erfreulicherweise immer wieder Schatten beschert. Was mich ein wenig überrascht, ist die Vielzahl der Radfahrer, die uns in beiden Richtungen begegnen. Kito ignoriert sie.

Kurz nach dem die Otto-Hahn-Straße zum Kernkraftwerk Brunsbüttel abgezweigt ist, erreichen wir die Kreisgrenze zwischen den Kreisen Dithmarschen und Steinburg. Damit haben wir Dithmarschen nun komplett und erfolgreich „durchlängst".

Blick zurück zum KKW Brunsbüttel

Ab der Kreisgrenze heißt die Fährstraße nun Hauptstraße und danach Kirchducht. 1,3 Kilometer nach der Kreisgrenze erreichen wir den Ort **Büttel** und biegen nach rechts in die Deichstraße ab. Hier entdecken wir einen netten überdachten und damit teilbeschatteten Picknickplatz, der zugleich auch Stromanschlüsse zum Aufladen von Elektrofahrrädern sowie per

USB von Smartphons und anderen Elektronikkleinteilen vorhält. So etwas haben Kito und ich zuvor noch nirgends gesehen!

Bis zum nächsten Ort **St. Margarethen** bleiben Kito und ich des Schattens wegen auf dem Geh- und Radweg der Straße. In St. Margarethen steuern wir den „Dörpsladen" – **Markt Treff** in der Dorfstraße 19 – an. Er hat heute von 5:30 bis 18:00 Uhr für uns geöffnet. Verpflegung haben wir ja genug an Bord, aber ich trinke schnell meine ¾-Liter-Flasche Schorle leer und kaufe mir eine 1-Liter-Flasche Apfelsaft. An der Kasse lasse ich auch unsere Pilgerpässe stempeln.

Das ist schlau, da nämlich die 1784 erbaute spätbarocke **Saalkirche St. Margarethen** schräg gegenüber geschlossen ist. Das Thema Pilgerstempel hatte sich damit gleich mit geklärt. Der Abstecher zur Kirche war aber trotzdem sinnvoll, da wir auf dem Friedhof gleich nebenan eine Wasserstelle finden und Kitos Trinkflasche mit herrlich kaltem Wasser auffüllen können. Da trinkt der kleine Pilger doch gleich vor Ort noch ein paar Schlucke!

von Bäumen allseits dicht umrahmtes Haus an der Straße

Die Dorfstraße ist jetzt die B 431. Sie heißt wenig später Heideducht, was uns nicht davon abhält, ihr auf dem immer wieder schattigen Radweg zu folgen. Wir passieren dabei mehrere Schöpfwerke und diverse interessante Häuser.

Vor einem dieser Häuser „begrüßen" uns drei prächtige ausgewachsene Deutsche Doggen. Diese Hunde mag ich, und so stört mich ihre Nähe auf der anderen Seite des Zauns kein bisschen. Kito zeigt sich dagegen schon ein wenig beeindruckt und will rasch weiter.

In einem schattigen Bushaltestellenhäuschen machen wir unsere nächste Pause. Dem Fahrplan nach ist der letzte Bus hier gegen 13:30 Uhr durchgefahren, also vor rund einer Stunde…

Rund fünf Kilometer hinter St. Margarethen erreichen wir den Ortseingang **Brokdorf**s und weitere 800 Meter später den dortigen Nahkauf. Ich kaufe eine neue 1-Liter-Flasche Saft für mich, zwei Eis-Sandwiches für uns beide und lasse auch hier unsere Pilgerpässe stempeln. Inzwischen komme ich mir so langsam vor wie in Spanien auf dem Camino Inglés 2018, als wir damals in Kneipen, Läden usw. stempelten, weil die Kirchen eh alle zu waren.

Elbeuferweg mit AKW Brokdorf im Hintergrund

Ab Brokdorf wechseln Kito und ich nun auf den Elbdeich, und zwar auf den Weg am elbseitigen Deichfuß. Hier kann ich auch Kito wieder ohne Leine pilgern lassen. Die Schafe auf dem Deich beäugen Kito durch den Drahtzaun hindurch, zeigen sich aber eher an ihm interessiert, als dass sie vor ihm Angst haben. Kito selbst hat irgendwie keinen Bezug zu den Schafen. Er betrachtet sie eher irritiert als interessiert und trabt dann einfach weiter.

Der kleine Hund ist hier draußen am Elbdeich völlig entspannt. Er läuft immer wieder ein kleines Stück voraus, schaut sich aber in ziemlich kurzen Abständen nach mir um und hält diesmal ganz ausdrücklich Sichtkontakt zu mir. Kann er mich einmal nicht sehen, so dreht er sofort bei und kommt von alleine zu mir zurück. Die gelegentlich vorbeifahrenden Fahrräder ignoriert er von sich aus. Meist ruhe ich ihn aber sicherheitshalber zurück, und er läuft dann auf Kommando *„schön hier"* zwischen der von meinem linken Handgelenk herunterhängenden Leine und meinem linken Bein.

Hat er zwischendurch mal wieder Durst, so meldet er sich bei mir, indem er an mir hochspringt, und bekommt prompt zu trinken. Dieses Zusammenspiel funktioniert immer besser.

Wir passieren das stillgelegte **AKW Brokdorf** sowie diverse **Leuchttürme** – Unter- und Oberfeuer – sowie Strandabschnitte. Leuchttürme mag Kito. Vielleicht hat er das von unserer Freundin *Inka*. Bei den Strandabschnitten verlässt er mehrmals unseren Deichweg und legt sich mitten in der Sonne auf den Sandstrand. Das muss er von *Christine* gelernt haben…

Ein Containerriese der Maersk-Reederei, die 2007 gebaute „*Eleonora Maersk*", kommt uns entgegen. Sie hat um 14:14 Uhr am Eurogate Terminal in Hamburg abgelegt und nutzt die ablaufende Flut, um die Elbe in Richtung Nordsee bzw. Antwerpen zu verlassen. Mit einer Gesamtlänge von 399,71 Metern ist sie eines der weltweit größten Containerschiffe.

Als wir uns der **Störmündung** in die Elbe nähern, fahren zwei Segelboote und ein kleineres Schiff in Richtung Stör. Kito bleibt indessen bei einem seiner Vorstöße an einer Picknickstelle mit Tisch und Bänken „hängen". Hier sitzen vier ältere Radfahrer beim Picknick. Und Picknick interessiert den kleinen Hund immer! Ob dort vielleicht etwas Essbares zu holen ist? Immerhin weiß er sich zu benehmen und bettelt nur diskret, bleibt vor allem auch lieb und friedlich. Die vier Senioren sind jedenfalls von ihm sehr angetan.

Als wir das **Stör-Sperrwerk** in Sicht haben, ist gerade eines der Fahr-
bahnstücke hochgeklappt und fahren die beiden Segelschiffe mit Motor-
kraft durchs Sperrwerk hindurch.

Das 1971 bis 1974 gebaute Stör-Sperrwerk war eine Reaktion auf die
große Sturmflut vom Februar 1962 und sollte den Hochwasserschutz in
der Unterelbe verstärken. Die beiden äußeren Drittel der Anlage bestehen
aus doppelten Flutschutztoren, die bei Bedarf heruntergefahren werden
können, während das Mitteldrittel von zwei Schleusen gebildet wird. Über
diesen Schleusen kann jeweils die Fahrbahn der Bundesstraße B 431 hochgeklappt werden, wie wir gerade selbst miterleben können.

Störsperrwerk mit hochgeklappter Fahrbahn

Als wir uns dem Sperrwerk und der B 431 nähern, führt unser Deichweg
direkt in eine Schafweide hinein. Für Fußgänger gibt es ein Viehgitter, für
Fahrzeuge daneben ein verzinktes Metalltor. Ehe ich mich versehe, ist Kito
unter dem Tor hindurchgeschlüpft und hat er es sich direkt dahinter **in
der Schafweide** im Gras gemütlich gemacht.

Die Schafe stören und interessieren ihn dabei nicht. Nun aber muss er
fix wieder an die Leine. Auch angeleint nimmt er von den Schafen, denen

er sich teils auf weniger als einen Meter nähert, keine Notiz. Nur einmal schnüffelt er kurz an einem Schaf, das mit dem Hinterteil zu uns nur wenige Zentimeter neben dem Weg steht. Schafe entsprechen ganz offenbar nicht im Geringsten seinem Beuteschema.

Kito in der Schafweide

Als wir das Stör-Sperrwerk überquert haben, finden wir neben diversen Wegweisern auch wieder ein Muschel-Zeichen.

Ab hier sind wir übrigens jetzt auf dem Hauptweg der Via Jutlandica. Unser bisheriger Weg – der Dithmarscher Jakobsweg – ist dagegen nun definitiv zu Ende.

Wir biegen erneut auf den flussseitigen Weg am Deichfuß ab. Kito ist weiterhin angeleint. Plötzlich – nur gut einen Meter vor einem etwas überraschten Schaf – wälzt er sich mit viel Genuss und Freude munter im Gras.

Ich hatte natürlich schnell kontrolliert, ob dort noch irgendetwas anderes im Gras lag, in dem er sich hätte wälzen können. Die Erinnerung an den toten Fisch, dessen Geruch er auf dem Wilsnacker Pilgerweg im Juli 2021 fast zwei Tage lang verbreitete, lebt halt nach. Aber es war wirklich nur Gras.

88

Das Schaf ist leicht irritiert, als Kito sich plötzlich vor ihm im Gras wälzt.

Als wir den Bereich der Störmündung hinter uns gelassen haben und im Elbuferbereich weit und breit keine Schafe mehr zu sehen sind, lasse ich Kito wieder ohne Leine laufen. Auch bei den ersten Schafen bleibt er noch frei. Als aber rechts und links von uns immer mehr Schafe sind, muss und will er lieber wieder an die Leine.

Wir überqueren die Straße zum Fähranleger Glückstadt – Wischhafen und nähern uns unserem Tagesziel. Kito hat inzwischen erkennbar keine Lust mehr und möchte kuscheln oder vielleicht sogar auf meinen Arm. Als ich seine Signale ignoriere, trottet der Lütte brav weiter an meiner Seite.

Wir wählen die Route entlang des alten Hafens mit ihren zahlreichen schönen, alten Häusern. Von dort gelangen wir über die Große Deichstraße zum Markt und über die Große Kremper Straße weiter zum Bahnhof, den wir um Punkt 19 Uhr erreichen. Ich studiere rasch die Liste der Zugabfahrten und sehe, dass die nächsten Züge nach Hamburg um 19:09 und 20:09 Uhr fahren. Das haben wir ja wieder einmal sehr gut hinbekommen!

Häuserzeile am Hafen in Glückstadt

Die RB 61 bringt uns fix nach Hamburg Hauptbahnhof, wo wir wenige Minuten später eine S 1 nach Poppenbüttel erwischen. In der S 1 treffen wir eine junge, sehr attraktive Frau, die mir bereits in Glückstadt auf dem Bahnsteig aufgefallen war und die sich nun uns gegenüber hinsetzt. Sie ist Tiermedizinstudentin, hat eine Labradorhündin und ist eindeutig von Kito fasziniert. Wir unterhalten uns sehr nett, bis sie in Wellingsbüttel eine Station vor uns, aussteigt.

Wenig später sind auch Kito und ich auf dem Weg nach Hause, wo wir gegen 21:40 Uhr eintreffen. Alles ist fein!

Tagesdistanz: 29,5 km (inkl. An- und Abreise)

Gesamtdistanz: 136,8 km (mit der doppelten Etappe 5: 160,2 km)

Erkenntnis des Tages: Heute gab es zum Abschluss des Dithmarscher Jakobswegs reichlich Kilometer, reichlich Wärme (bis knapp 30 °C im Schatten), reichlich Sonne und reichlich Blick aufs Wasser, aber eindeutig wenig Schatten. Kito hat rund einen halben Liter getrunken, ich fast 4 ½ Liter. Ach ja: Und Schafe interessieren Kito rein gar nicht. Jedenfalls aktuell nicht...

90

27. AUGUST 2022
GLÜCKSTADT BIS STADE (AUF DEM HAUPTWEG DER VIA JUTLANDICA, TAG 7)

Eigentlich sind Kito und ich ja bereits am Ziel unseres Projekts. Wir haben den Dithmarscher Jakobsweg erfolgreich beendet und sind glücklich und zufrieden.

Aber es gibt da noch eine Art „Zugabe", nämlich das Verbindungsstück des *Dithmarscher Jakobswegs* zur *Via Baltica* über den Hauptweg der *Via Jutlandica*. Alles in allem ist dieser Abschnitt von Glückstadt nach Harsefeld rund 50 Kilometer lang, wobei Bützfleth ziemlich exakt in der Mitte liegt und sich somit zwei Etappen zu je 25 Kilometer ergeben.

Nach der doppelt gegangenen fünften Etappe hatte ich diese zweitägige „Zugabe" sehr in Frage gestellt und zwischenzeitlich auch schon einmal komplett aus meiner Planung gestrichen. Nachdem aber Christine Interesse bekundet hatte, mit uns zu pilgern, ist die Idee wieder am Leben. Unglücklicherweise sind die Übernachtungsmöglichkeiten in Bützfleth vom 27. zum 28. August jedoch alle ausgebucht. Die Campingplätze in/auf Krautsand sind zwar verfügbar, aber dann hätten wir am Samstag 10 km und am Sonntag 40 km. Das passt irgendwie auch nicht.

So beschließen wir kurzfristig, am Samstag gut 30 Kilometer bis nach Stade zu pilgern, dann am Sonntag zu pausieren oder einen Bummeltag an der Ostsee einzuschieben und die restlichen rund 20 Kilometer dann in den nächsten Tagen, eventuell auch nach dem 9-Euro-Ticket, dranzuhängen.

So sei es…

Christine, Kito und ich nehmen zu dritt die S 1 um 8:29 Uhr ab Poppenbüttel und die RB 61 um 9:06 Uhr von Hamburg Hbf und erreichen **Glückstadt** um 9:59 Uhr. Die Nordbahn ist wie stets sehr pünktlich.

Vom Bahnhof Glückstadt bis zum Fähranleger nach Wischhafen gehen wir – in Gegenrichtung natürlich – denselben Weg, der Kito und mich am letzten Dienstag nach Glückstadt hineingeführt hatte.

Ich hatte geplant, die **Elbfähre nach Wischhafen** um 11:15 Uhr zu nehmen, aber fast hätten wir sogar die um 10:45 Uhr noch erwischt. Knapp verpasst, ist halt trotzdem verpasst. So gönnen wir uns noch einen leckeren Kaffee und sind um kurz nach 11 Uhr als eine der ersten an Bord unserer (geplanten) Fähre.

Kito ist natürlich wieder vor uns und zeigt Frauchen und mir, wo es so langgeht. Er ist in letzter Zeit ziemlich selbstbewusst geworden und zugleich entspannt und weiterhin verschmust. Vor der Fähre und den vielen Autos, Motorrädern, Fahrrädern und Menschen hat er keinerlei Angst. Trotzdem bleibt er – sicherheitshalber – ganz dicht bei uns beiden.

Da Christine am Fähranleger Glückstadt, wo wir uns am Kiosk den Kaffee geholt hatten, im Kiosk-Außenbereich keine Eigenverpflegung auspacken will, nutzen wir erst eine Picknickecke am **Fähranleger Wischhafen** zu unserer ersten richtigen Verpflegungspause und traben dann kurz vor 12 Uhr endlich los in Richtung Sperrwerk und Elbdeich.

Elbfähre Glückstadt – Wischhafen

Sperrwerk Wischhafen

Das war auch keine Sekunde zu früh, denn als wir das **Sperrwerk Wischhafen** erreichen, gehen gerade die Schranken herunter. Glücklicherweise fragt uns der Sperrwerksmitarbeiter aber, ob wir herübergehen wollen, was wir bejahen. So gehen die Schranken für uns noch einmal kurz hoch. Als wir das Sperrwerk dann überquert haben, gehen dann aber nicht nur die Schranken, sondern geht jetzt auch die Fahrbahn hoch!

Wie wir einige Kilometer später einem Hinweisschild entnehmen können, ist die Brückenbenutzung am Sperrwerk Wischhafen für Radfahrer und Fußgänger vom 1. Mai bis 30. September 2022 samstags, sonntags und feiertags auf die Zeiten von 10:00 bis 12:00 und von 17:00 bis 19:00 Uhr limitiert. In den übrigen Zeiten ist die Fahrbahnbrücke hochgeklappt und müssen Radfahrer und Fußgänger einen knapp acht Kilometer langen Umweg über Dornbusch nehmen.

Da haben wir noch einmal echtes Glück gehabt!

Unser Weg ist übrigens nicht die „Originalstrecke" laut Outdoor-Pilgerführer, sondern die Fahrrad-Ausweichroute. Die Originalstrecke geht zu viel über unebene und mit hohem Gras bewachsene Deichkuppen des alten Elbdeichs und ist für Fahrräder damit nicht geeignet. Unser asphaltierter Weg am landseitigen Deichfuß des neuen, viel höheren Elbdeichs ist dagegen supergut zu gehen und zu befahren.

Wir wechseln trotzdem einige Kilometer später auf die Deichkuppe, als wir entdecken, dass dort ebenfalls ein etwa einen Meter breiter Streifen asphaltiert ist. Hier können wir ebenso fix gehen wir vorher und haben dazu noch eine tolle Aussicht auf die Elbe und die Schifffahrt.

Im Ort **Krautsand** verlassen wir den Deich in Richtung Elbe. Hier gibt es nämlich einen *Hundestrand*, den wir Kito unbedingt gönnen wollen. Das findet der Kleine Klasse und tobt gleich ausgelassen herum.

Das Pilgern hier oben auf dem Elbdeich mit Blick nach links auf Elbe und Schiffe und nach rechts auf die einstige Elbinsel Krautsand ist toll und macht richtig Freude.

Das ändert sich dann aber schlagartig am **Ruthenstrom**, als plötzlich an einer Baustelle – ohne vorherige Hinweisschilder darauf – sowohl der elbseitige als auch der landseitige Deichfußweg gesperrt, um nicht zu sagen: verbarrikadiert sind und der Deich selbst sogar eine riesige Lücke aufweist.

auf den alten Elbdeichen ab Drochtersen

Ob wir es wollen oder nicht: Wir müssen einen Umweg machen: zunächst 400 Meter zurück, dann gen Süden zur parallel verlaufenden, stark frequentierten Straße bis nach **Drochtersen** und ab dort weiter auf der Originalstrecke, also den alten Elbdeichen. Hier verläuft der Jakobsweg mal oben auf der Deichkrone, aber auch mal vor oder hinter dem Deich.

Alles in allem summiert sich dieser Umweg auf mehr als sechs Kilometer plus den Zeitverlust durch den langsameren Untergrund auf den alten Deichen. Ich schätze den Gesamtzeitverlust auf etwa 90 bis 120 Minuten, also 1 ½ bis 2 Stunden.

Flügelaltar der Kirche St. Mauritius und St. Martin in Assel

Immerhin kommen wir so durch **Assel** und können dort die im 12. Jahrhundert erstmals erwähnte **Kirche St. Mauritius und St. Martin** besichtigen und neben der Kirche eine weitere Verpflegungspause einlegen. Der heutige Kirchenbau mit seiner Holzbalkendecke stammt weitgehend aus Umbauten aus dem 16. Jahrhundert. Das Taufbecken stammt aus dem 13. Jahrhundert, der eindrucksvolle Flügelaltar aus dem frühen 16. Jahrhundert. Hinter Assel treffen sich dann beide Wegrouten wieder und sind wir so oder so auf demselben Kurs.

bei Abbenfleth

98

An einem unbemannten kleinen Kunstgewerbe- bzw. maritimen Andenken-Shop kann Christine nicht widerstehen und kauft sie sich ein Souvenir zu diesem Pilgertag.

„Irgendwann" erreichen wir die alte preußische **Seefestung Grauerort** und kurz darauf **Abbenfleth**. Nun ist auch **Bützfleth** nicht mehr weit weg. Da es jedoch inzwischen bereits nach 19 Uhr ist, verzichten wir auf den Abstecher zur hiesigen Kirche, die um diese Zeit ganz sicher nicht mehr geöffnet ist.

Stattdessen steuern wir den direkt neben dem Jakobsweg liegenden PENNY-Markt an, wo Christine – während Kito und ich draußen warten – Getränke, Eis und ein paar weitere Lebensmittel für den nächsten Tag einkauft.

Ab hier folgt die *Via Jutlandica* der Alten Chaussee, einer schmalen, fast verkehrsfreien Straße binnenseitig neben einem alten Deich. Später verlassen wir diesen Deich und führt uns der Weg dann durch Felder und Wiesen.

Stade ist schon von Weitem zu sehen. Innerhalb der Stadt folgen wir zunächst weiter den Muschelzeichen, verlassen diese dann aber in der Innenstadt und steuern – geleitet von Christines Handy – direkt den Bahnhof an, den wir um 20:40 Uhr erreichen. Für den RE 5 um 21:03 Uhr sind wir also mehr als pünktlich.

Die Heimfahrt verläuft wieder ohne besondere Vorkommnisse. Alle drei sind wir nach 37,24 km ab Bahnhof Glückstadt ausreichend müde. Kito erledigt auf dem finalen Fußweg nach Hause noch seine Abendgeschäfte, und dann haben wir alle drei endlich Feierabend.

Tagesdistanz: 37,24 km plus 1,8 km An- und Abreise = 39,04 km

Gesamtdistanz: 175,84 km (mit der doppelten Etappe 5: 198,84 km)

Erkenntnis des Tages: Heute hielt die Via Jutlandica gleich noch gut sechs Kilometer mehr bereit als die 31, die wir eh geplant hatten. Aber nichtsdestotrotz war es wieder einmal ein weiterer sonnig-heißer, wunderschöner Pilgertag zu dritt.

11. SEPTEMBER 2022
STADE BIS HARSEFELD (HAUPTWEG DER VIA JUTLANDICA BIS ZUR VIA BALTICA, TAG 8 – UND ZUGLEICH AUF DER VIA ROMEA)

Inzwischen haben wir September und hat uns der Alltag fast wie früher in Beschlag genommen. Das 9-Euro-Ticket ist Geschichte.

Am 28. August, also am Tag nach unserer letzten Etappe auf diesem Weg, haben wir uns einen nachmittäglichen Ausflug an die Ostsee gegönnt, bei dem wir in Bliesdorf prompt auf Wegmarkierungen der dortigen *Via Scandinavica* stießen. Aber gestern beschlossen wir dann spontan, Christines HVV-Proficard zu nutzen, um am heutigen Sonntag kostenlos nach Stade an- und von Harsefeld zurückreisen zu können.

Wir haben es heute nicht eilig. Runde 23 Kilometer sind eine überschaubare Tagesdistanz, und wir sind zudem zeitlich flexibel, was unsere abendliche Ankunft in Harsefeld angeht. Die Züge heimwärts fahren stündlich, jeweils auf „:02 Minuten".

Wir nehmen die S 1 um 9:29 Uhr und den RE 5 ab Hauptbahnhof um 10:06 Uhr. Neun Minuten reichen uns, um beim Umsteigen von Gleis 1 zu Gleis 12 zu gelangen. Um 10:56 Uhr treffen wir pünktlich in **Stade** ein.

Wir wählen den Weg am Burggraben entlang durch den Stader Bürgerpark und um die Güldenstern-Bastion herum. Über den Salztorswall und die Hansestraße erreichen wir die Tourist-Information am Hafen. Hier lassen wir – was wir neulich ja nicht mehr geschafft hatten – unsere Pilgerpässe stempeln und kaufen bei dieser Gelegenheit auch Pilgerpässe für die hier beginnende **Via Romea**. Leider haben sie hier nur noch zwei statt der drei von uns benötigten Pilgerpässe, aber zum Glück bekommen wir den dritten gleich nebenan an der Kasse des Museums **Schwedenspeicher**.

Am historischen Kran vorbei gehen wir zum alten Hansehafen mit der Statue einer Fischfrau, queren dort die Schwinge und gelangen über den

Fischmarkt zur Hökerstraße. Hier ist gerade zwischen den schönen alten Häusern, die eine prächtige Kulisse abgeben, eine Art Jahrmarkt.

Uns zieht es jedoch zunächst zur **Hauptkirche St. Cosmae et St. Damiani**, die wir bei stimmungsvoller Orgelmusik nacheinander besichtigen. Einer von uns beiden muss ja stets auf den kleinen Pilger aufpassen.

Danach kehren wir zur Hökerstraße zurück, wo sich Christine eine Tüte frisch gebrannter Mandeln gönnt, und gehen durch die Neue Straße und das Burgtor hinunter zur Stockhausstraße, zum Schiffertor und der Wallstraße. Hier waren wir neulich schon einmal.

In der nahegelegenen Grünanlage findet beim Gedenkstein Ostpreußen gerade eine Gedenkstunde der Heimatvertriebenen statt.

Für ein paar Meter sind wir wieder auf der *Via Jutlandica*, verlieren sie jedoch nahe der Erleninsel gleich wieder, da sie hier nirgends sichtbar markiert ist. Über die Brücke Burggraben und die Wiesenstraße finden wir sie aber rasch wieder. Sie ist jetzt übrigens auch mit den Wegzeichen der Via Romea markiert, da beide Pilgerwege den ganzen Tag über auf identischer Strecke verlaufen.

St. Cosmae et St. Damiani in Stade

Wegzeichen der Via Jutlandica (oben) und der Via Romea Germanica (unten)

Wir folgen ihr südwärts durch die Töpferstraße, biegen nach rechts in die Horststraße, die wir sogleich wieder nach links verlassen um den Horstsee südöstlich halb zu umrunden. Ab seinem Südwestzipfel biegen wir erneut nach links und folgen nun ziemlich lange einem schmalen Weg. Dieser quert mehrere Straßen und bringt uns zu einem Park, hinter dem wir sodann die B 73 unterqueren. Die Linzer Straße und die Tilsiter Straße leiten uns sodann zum Barger Weg und zum Hof Barge, über die wir endlich die städtische Bebauung Stades verlassen.

Ab jetzt pilgern wir wieder im Grünen und kann Kito endlich wieder ab und zu ohne Leine laufen.

Hinter dem Reiterhof Barge erreichen wir ein Turniergelände, auf dem gerade ein Reitturnier für die jüngsten Nachwuchsreiter/innen stattfindet. Wir bleiben kurz stehen und betrachten das rege Treiben, vor allem die Ernsthaftigkeit der jungen Reiter und Reiterinnen.

Am Friedhof Barge biegt der Pilgerweg nach rechts in den Fredenbecker Weg ab. Wir passieren die **Heidesiedlung** zu unserer Linken und das **Naturschutzgebiet Riensförde** zu unserer Rechten und steuern auf **Hagen** zu.

Verglichen mit Kitos und meinem Start auf dem Dithmarscher Jakobsweg Ende Juli sind die Temperaturen mit nur noch gut 20-23 °C sehr viel
angenehmer und fühlt sich die Natur fast schon ein wenig herbstlich an.

Die Ernte ist auch in vollem Gang. Mehrfach sehen wir Anhänger, die
gehäuft voller Kartoffeln sind. Die Getreidefelder tragen nur noch Stop-
peln. Nur der Mais steht noch, wirkt aber vielfach sehr vertrocknet.

Wir passieren ein paar schöne mit großem Jakobsmuschelzeichen ver-
zierte Findlinge, die uns an den Abschnitt der Via Baltica zwischen Harsefeld und Zeven erinnern, den wir im Oktober 2021 pilgerten. Klar, der ist
auch nicht weit weg von hier, sondern bereits die zweite Etappe der Via
Romea, auf der wir ja auch gerade gehen.

Bei **Hagen** machen wir an einem Picknickplatz eine kurze Pause und
widmen uns unseren mitgeschleppten Brötchen. Kito ist wieder einmal in
seinem Element und versucht, bei beiden seiner Menschen maximal viel
abzubekommen.

Wegstein bei Deinste

Allee bei Hagener Mühle

Kurz darauf passieren wir das **Gut Hagener Mühle** und den dazu gehörenden Mühlenteich. Hinter **Hagel** biegen wir nach links in die Schrankenstraße ein. Beidseits des Wegs sind die Tees des **Golf Clubs Deinster Geest**, in dessen Vereinsheim wir später unsere Pilgerpässe stempeln lassen.

Christine hat inzwischen entdeckt, dass uns unser Weg auch durch Ohrensen führt, und hat daraufhin ihr (erwachsenes) Patenkind Kathrin kontaktet, das dort mit seiner Familie lebt. Katrin, ihr Mann und die Kids sind zu Hause und freuen sich auf unseren Besuch.

Der Torfweg, den wir ab **Deinste** gehen ist lang und schnurgerade. Links sehen wir einen Bauernhof mit zahlreichen Folientunneln, in denen sie Himbeersträucher kultiviert haben. Wir umgehen das Naturschutzgebiet Frankenmoor, ein renaturiertes Hochmoor, und sehen die Soleanlagen der Dow Deutschland. Kurz darauf haben wir **Ohrensen** erreicht und können zu Kaffee und Kuchen abbiegen.

Der Besuch bei Kathrin und ihrer Familie ist schön und sehr kurzweilig. Die Zeit vergeht wie im Flug. Aber wir wollen ja noch nach Harsefeld und von dort nicht zu spät per Bahn nach Hause. So brechen wir nach rund einer Stunde wieder auf.

Der nun folgende letzte Wegabschnitt der *Via Jutlandica* durch die Aueniederung ist wunderhübsch. Vor der Bahnlinie biegen wir nach links ab und wählen die Wegvariante, die direkt nach **Harsefeld** hineinführt.

Ab diesem Abzweig beschleunigen wir unsere Schritte ein wenig, da wir noch eine gewisse Chance sehen, den Zug ab Harsefeld um 19:02 Uhr zu erwischen.

Das gelingt: Zeitgleich mit dem Zug erreichen wir den Bahnhof Harsefeld um 18:58 Uhr. Das Umsteigen in den RE 5 in Buxtehude und in die S 1 im Hamburger Hauptbahnhof ist dann nur mehr Routine.

Tagesdistanz: 23,2 km plus 1,8 km An- und Abreise = 25 km

Gesamtdistanz: 200,84 km (mit der doppelten Etappe 5: 223,84 km)

Erkenntnis des Tages: Unsere Schlussetappe auf der Via Jutlandica von Stade nach Harsefeld war zu dritt besonders schön und hat zudem Appetit auf die Via Romea gemacht. Deren Pilgerpässe haben wir seit heute auch im Bestand...

RÜCKBLICK

Meine Pilgertage mit Kito auf dem Dithmarscher Jakobsweg waren für mich ganz einfach persönliche Qualitätstage. Es war ein wunderbares Erlebnis, mit dem kleinen 4-Pfoten-Pilger durch diese mir bislang wenig bekannte und doch so besondere norddeutsche Landschaft – so dicht vor Hamburgs Toren – zu gehen.

Diese Besonderheiten Dithmarschens – die regionale Geschichte, der Baustil der nord-dithmarscher Kirchen mit ihrer bogenförmigen Öffnung zwischen Kirchenraum und Altarraum, die Geologie mit den Marschen und dem Geestrücken bzw. dem Klev, aber auch die Ortschaften – haben mich durchaus beeindruckt und zugleich bei mir auch ein ganz besonderes Gefühl für Land und Leute entstehen lassen.

Kito wieder einmal dabei zu haben, war ein Geschenk und ein Privileg, für das ich auch Christine, die den einen oder anderen Tag zu meinen Gunsten auf den Kleinen verzichtete, sehr dankbar bin.

Kito ist in seinen gut 15 Monaten bei uns zu einem sehr wichtigen Teil unser beider Leben geworden und hat mich seitdem an jedem Pilgertag und auf jedem Pilgerweg begleitet.

Natürlich ist es schwer, beim Pilgern mit Hund dieselbe Spiritualität auszubilden bzw. zu entfalten. Schließlich muss man stets einen Teil seiner eigenen Aufmerksamkeit dem kleinen Mitpilger zuteilwerden lassen.

Andererseits war es faszinierend zu sehen, wie sehr der Weg und das gemeinsame Pilgern auch den kleinen Hund verändert haben. Bislang war er ja – vermutlich nicht nur bei uns, sondern überhaupt in seinem bisherigen Leben – noch nie so viel frei herumgelaufen. Bereits nach den ersten drei Tagen hier mit 20 leinenlosen (von 68 gegangenen) Kilometern fragte Christine mich, was ich denn mit Kito gemacht hätte.

Der Kleine hat jedenfalls eine enorme Menge neues Selbstbewusstsein, Sicherheit und Gelassenheit gewonnen und wirkt deutlich gefestigter in sich. Seine Angst, Panik und auch Aggression fremden Menschen gegenüber sind zwar nicht komplett verschwunden, aber deutlich kleiner geworden.

Ganz offenbar war das Pilgern also auch ein erheblicher Gewinn für meinen kleinen, treuen Begleiter – von unseren vielen schönen, gemeinsamen Erlebnissen einmal abgesehen. Schon diese alleine wären unsere Pilgerreise wert gewesen.

Meine Gedanken drehten sich ansonsten sehr viel um den in naher Zukunft anstehenden, vermutlich fließenden Übergang in die Altersteilzeit bzw. in eine Teilzeitpraxis als Rentner. Hier ist vieles noch unklar und im Nebel. Aber einige Konturen zeichnen sich so langsam ab…

Unsere „Zugabe" vom Ende des Dithmarscher Jakobswegs über den Hauptweg der *Via Jutlandica* zur *Via Baltica* hatte dann einen ganz anderen Charakter. Zum einen sich die hochsommerliche Hitze gelegt und war eher frühherbstlicher Kühle gewichen. Zum anderen war überall die Ernte entweder in vollem Gange oder bereits eingefahren. Und dann waren wir ja auf den 50 Kilometer der *Via Jutlandica* ab Glückstadt zu dritt unterwegs.

Das war dann besonders schön.

Dieses rote Wegzeichen gibt es nur einmal, nämlich am Friedhofseingang Windbergen.

PILGERUNTERKÜNFTE (GEMEINDEHÄUSER AUF SPENDEN-BASIS)

St. Marien Hemme: km 16,5, PU im Gemeindehaus, Dorfstraße 11, 25774 Hemme, Pastor Lange, Tel. 04837 201, Mail: pastor.lange@kirche-dithmarschen.de – rechtzeitige Voranmeldung erwünscht, **Hund möglich**, keine Dusche, keine Matratzen; Pilgerpass, Isomatte und Schlafsack erforderlich

St. Andreas, Weddingstedt: km 33, PU im Gemeindehaus, Friedhofstraße 5, 25795 Weddingstedt, Tel. 0481 5409, Fax 0481 8557268, Mail: weddingstedt@kirche-dithmarschen.de – rechtzeitige Voranmeldung erforderlich, keine weiteren Informationen bekannt

St. Jürgen, Heide: km 38,5, PU im Gemeindehaus, Markt 27, 25746 Heide, Tel. 0481 689110, Fax 0481 71575, Mail: kirche.heide@kirche-dithmarschen.de; Gemeindesekretärin Peggy Müller, Küster Volker Nottelmann – rechtzeitige Voranmeldung erwünscht, **Hund möglich**, keine Dusche, keine Matratzen; Pilgerpass, Isomatte und Schlafsack erforderlich

St. Marien Hemmingstedt: km 47, PU im Gemeindehaus, Pastor-Harder-Str. 1, 25770 Hemmingstedt, Tel. 0481 62307, Fax 0481 67100, Mail: hemmingstedt@kirche-dithmarschen.de – rechtzeitige Voranmeldung erwünscht, **Hund möglich**, keine Dusche, keine Matratzen; Pilgerpass, Isomatte und Schlafsack erforderlich

„Zum Heiligen Kreuz" Windbergen: km 63, PU in der Sporthalle am südlichen Ortsrand (mit Dusche), Ringstr., 25729 Windbergen, Anmeldung über Kirchengemeinde Windbergen, Tel. 04859 567, Fax 04859 909967, Mail: windbergen-gudendorf@kirche-dithmarschen.de – rechtzeitige Voranmeldung erforderlich, keine weiteren Informationen bekannt

Pilgerherberge Lothar Köhler, Dorfstr. 7, 25693 Trennewurth, Tel. 04876 330448 & 0177 6113475, bis max. 10 Personen, Frühstück nach Absprache, Abholung vom Weg nach Absprache

St. Marien Eddelak: km 81,5, PU im Gemeindehaus, Bahnhofstr. 2, 25776 Eddelak, Tel. 04855 322, Fax 04855 235656, Mail: info@kirche-

<u>eddelak.de</u> – rechtzeitige Voranmeldung erforderlich, Pilgerpass, Isomatte und Schlafsack erforderlich

Brunsbüttel: km 93,5, PU Boje Koje, Zimmervermietung C. Jacobi, Bojestr. 38, Tel. 04852 9409901 & 0151 15252420 – rechtzeitige Voranmeldung erforderlich, teils langfristig von Monteuren belegt

St. Nikolaus Brokdorf: km 109,5, PU im Pastorat, Kirchducht 10, 25576 Brokdorf, Tel. & Fax 04858 1693, Mail: <u>e.gru@web.de</u> – rechtzeitige Voranmeldung erforderlich, Pilgerpass, Isomatte und Schlafsack erforderlich

Ob **Hunde** bei den PU – außer in Hemme, Heide und Hemmingstedt, wo mir dies bekannt ist – willkommen sind bzw. toleriert werden, kann ich leider nicht sagen.

Pilgerstempel, Teil 1 von 2

INFORMATIONEN & PILGERFÜHRER

Wolfgang Barelds: Jakobsweg Via Jutlandica, Conrad Stein Verlag, Welver, 1. Auflage, 2021

Wolfgang Mohr: Pilgerbuch mit Detailkarten (8,5 MB), www.via-jutlandica.com/viajut3.pdf bzw. https://www.dithmarscher-landeskunde.de/images/download/Pilgerbuch.pdf

Wolfgang Mohr: Kleiner Wegbegleiter (gleicher Text wie vor, aber ohne die Karten), www.dithmarscher-landeskunde.de/images/downloads/DithmarscherJakobsweg-Wegbegleiter.pdf

https://www.echt-dithmarschen.de/urlaubsthemen-veranstaltungen/aktivurlaub/route/dithmarscher-jakobsweg/

Arbeitskreis Dithmarscher Jakobsweg im Verein für Dithmarscher Landeskunde: https://www.dithmarscher-landeskunde.de/aktivitaeten

Ev.-luth. Kirchengemeinde Windbergen-Gudendorf, Kirchstraße 1, 25729 Windebergen, Telefon 04859 / 567, Telefax 04859 / 909967, e-Mail windbergen-gudendorf@kirche-dithmarschen.de

ÜBER DEN AUTOR

Christian Hottas, Jahrgang 1956, lebt seit 1979 in Hamburg, wo er seit 1993 als Facharzt für Allgemeinmedizin mit den Zusatzschwerpunkten Sportmedizin, Chirotherapie und reisemedizinische Beratung niedergelassen ist. Während seiner Sportmedizin-Weiterbildung lief er im April 1987 in Hamburg seinen ersten Marathon und im Juli 1987 in Karlsruhe seinen ersten Ultramarathon.

Im August 2005 absolvierte er seinen 1000. Lauf über mindestens Marathondistanz, im Mai 2013 seinen 2000. und im Juni 2021 dann seinen 3000. derartigen Lauf. Seit August 2011 führt er die *„World Megamarathon Rankings"* (Weltrangliste der Marathon-Vielfach-Finisher) mit inzwischen großem Vorsprung an.

Zum Pilgern kam er erst im Herbst 2018, als er mit seiner heutigen Lebensgefährtin Christine Schroeder seinen ersten Jakobsweg, den *Camino Inglés*, ging.

Zunächst pandemiebedingt, konzentrierte sich sein Pilgerinteresse seit 2020 auf deutsche Pilgerwege, wobei ihn insbesondere weniger bekannte Strecken faszinieren. Seit Sommer 2021 ist auch Familienhund Kito (Pinscher-Mix, Jahrgang 2019) mit Begeisterung dabei.

Seither hat es für Christian auch keinen Pilgertag ohne Kito gegeben. Kito ist Pilger durch und durch und Christians zuverlässiger Begleiter und Beschützer. So kompliziert Pilgern mit Hund anfangs schien, so sehr ist jetzt, da Kito und seine Menschen immer besser aufeinander eingespielt sind, Pilgern <u>ohne</u> Hund beinahe undenkbar.

Derzeit sind <u>alle drei</u> – Christian, Christine und Kito – als Jakobspilger von ihrem Zuhause in Hamburg nach Santiago de Compostela unterwegs. Bremen und Wildeshausen (Herbst 2021), Osnabrück, Münster, Herdecke (Frühjahr 2022), Köln und Trier (Herbst 2022) haben sie bereits erreicht. 2023 und 2024 werden alle drei also in Frankreich unterwegs sein.

Kito und Christian sind zudem noch <u>zu zweit</u> auf einer anderen Route von Hamburg nach Aachen unterwegs und haben dabei über Soltau, Mariensee, Loccum und Minden bis März 2023 Bielefeld erreicht. Von hier soll es 2024 weitergehen.

Auf der VIA ROMEA GERMANICA, einem Pilgerweg von Stade nach Rom, der dem Rückweg-Route einer Dienstreise des Stader Abtes Albert 1236/37 folgt, sind beide im Frühjahr und Frühsommer 2023 von Stade bis nach Nordhausen gegangen.

Kito in Windbergen

WEITERE PILGER-ERLEBNISBERICHTE

Camino Inglés – Schnupper-Pilgern von Ferrol nach Santiago de Compostela (gegangen 2018, Band 1, erschienen Herbst 2023)

Hümmlinger Pilgerweg – Von Stein zu Stein Pilgern im Emsland (gegangen 2020, Band 2, noch in Vorbereitung)

Sigwardsweg – Pilgern von Minden nach Idensen und zurück (gegangen 2020, Band 3, noch in Vorbereitung)

Mittelalterlicher Pilgerweg von Berlin nach Wilsnack – Pilgern mit Hund in Brandenburg (gegangen 2021, Band 4, erschienen Herbst 2023)

Annenpfad – Kurz-Pilgern in der Prignitz (gegangen 2021 & 2022, Band 5, erschienen Herbst 2023)

Jacobusweg Lüneburger Heide von Hamburg & von Lüneburg nach Kloster Mariensee – Jakobspilgern mit Hund und 9-Euro-Ticket (gegangen 2022, Band 6, erschienen Herbst 2023)

Dithmarscher Jakobsweg – Pilgern mit Hund auf der Westküstenroute der Via Jutlandica (gegangen 2022, Band 7, erschienen Herbst 2023)

Jakobspilgern mit Hund von Hamburg nach Santiago de Compostela – Teil 1: von Hamburg bis nach Trier auf der Via Baltica, dem Osnabrücker und dem Bergischen Jakobsweg sowie der Via Coloniensis (gegangen 2021-2022, Band 8, noch in Vorbereitung)

Pilgern mit Hund von Hamburg nach Aachen (gegangen 2022-2024, Band 9, noch in Vorbereitung)

Via Romea Germanica – Rom-Pilgern mit Hund, Teil 1: von Stade nach Nordhausen (gegangen 2023, Band 10, erscheint Ende 2023)

Jakobspilgern mit Hund von Hamburg nach Santiago de Compostela – Teil 2: von Trier nach Vézelay (gegangen 2023, Band 11, noch in Vorbereitung)

ENTSTEHUNGSGESCHICHTE DIESES BUCHES

Pilgerweg gegangen im Juli & August 2022

Textkonzept und -Beginn im Juli 2022

Text fertiggestellt im September 2022

erstes Layout mit Fotos & Lektorat im September 2022

Aktualisierung auf Seite 29 im März 2023

neues (2.-4.) Layout gemäß der BoD-Buchblock-Anleitung und vollständige Überarbeitung Anfang September 2023

Schlussbearbeitung, Covergestaltung & Publikation im September 2023

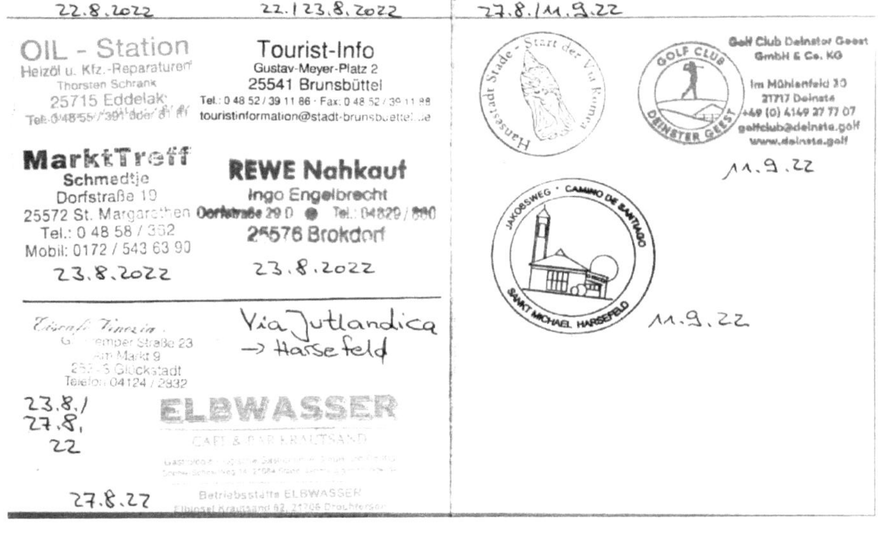

Pilgerstempel, Teil 2 von 2